dtv

Widmung:
siehe: Harald Schmidt,
Verlag KiWi,
Titel „Muletten in gelben
Sesseln"

portrait

Herausgegeben von Martin Sulzer-Reichel

Carl-Ludwig Reichert, geb. 1946 in Ingolstadt. Schriftsteller, Musiker und Privatgelehrter. Freier Mitarbeiter des BR als Autor, Moderator und Regisseur. Publikationen zur Jugend- und Popkultur. Rundfunksendungen, Bücher, Schallplatten. Veröffentlichungen zur bayerischen Kultur- und Literaturgeschichte. Lebt in München und im Web unter http://www.calur.de

Frank Zappa

von Carl-Ludwig Reichert

Deutscher Taschenbuch Verlag

Weitere in der Reihe dtv portrait erschienene Titel
am Ende des Bandes

Stars they rise and fall, but the artist develops.
Link Wray

Kein Akkord ist häßlich genug, all die Scheußlichkeiten
zu kommentieren, die von der Regierung in unserem
Namen verübt werden.
Frank Zappa

Nix is aso weis so sei muas und nix muas bleim wias is.
Sparifankal

Originalausgabe
November 2000
3. Auflage Mai 2005
www.dtv.de
© Deutscher Taschenbuch Verlag GmbH & Co. KG, München
Umschlagkonzept: Balk & Brumshagen
Umschlagfoto: © Corbis, Lynn Goldsmith
Layout und Satz: Agents – Producers – Editors, Overath
Druck und Bindung: APPL, Wemding
Gedruckt auf säurefreiem, chlorfrei gebleichtem Papier
Printed in Germany   ISBN 3-423-31039-1

Inhalt

Der Junge, der Edgar Varèse anrief (1940–1963)   7

Studio Z (1963–1964)   21

Mütter als Kinderschreck (1965–1966)   27

Absolutely Freak Out Lumpy Gravy (1966–1968)   37

Trout Mask Replica (1968–1970)   49

Penis Dimension. 200 Motels später (1970–1972)   67

Touring can make you crazy (1973–1976)   77

Joe's Garage über Franks Keller (1978–1979)   91

Dancing Fools Don't Wanna Get Drafted (1980–1983)   101

Suicide Jump (1983–1988)   111

Maestro Z. (1973–1975)   123

Citizen Zappa (1975–1980)   129

What's New In Baltimore? (1993)   143

Zeittafel   152
Weitere Veröffentlichungen   155
Kommentierte Bibliographie   155
Abkürzungsverzeichnis   157
Bildnachweis   157
Register   158

1   Frank Zappa im Kostüm des Sheik Yerbouti im Jahr 1979. So ließ er sich
auf der Plattenhülle der gleichnamigen LP ablichten

Der Junge, der Edgar Varèse anrief

Man muß nicht Harry Potter heißen, um an Geburtstagen ungewöhnliche Wünsche zu haben. Frank Zappa genügt. Man muß auch kein Zauberlehrling sein und kann sich mit seinen Eltern einigermaßen verstehen. Doch wenn ein bald fünfzehnjähriger junger Mann um nichts anderes bittet als um Geld für ein Telefongespräch mit einem fast unbekannten zeitgenössischen Komponisten mit dem seltsamen Namen Edgar Varèse, dann schrillen normalerweise die Alarmglokken in normalen Elternhäusern in normalen amerikanischen Kleinstädten wie sagen wir einmal Edgewood, Maryland, oder Lancaster, Kalifornien. Nicht so bei den Zappas in San Diego. Seine Mutter gab ihm das Geld und er durfte telefonieren. Ein Ferngespräch, denn jener Herr Varèse lebte in New York, im Künstlerviertel Greenwich Village. Leider war aber nur seine Frau Luise am Apparat, der Komponist hielt sich in Brüssel auf und arbeitete an seinem Beitrag zur Weltausstellung, dem ›Poème électronique‹. Einige Wochen danach telefonierte Frank dann wirklich mit dem Meister. Er war wohl sehr aufgeregt, denn er erinnerte sich später kaum mehr an den Inhalt des

---

2 Edgar(d) Varèse (1883–1965) studierte am Pariser Conservatoire. U. a. von Ferrucio Busoni beeinflußt, arbeitete er als Komponist und Dirigent in Paris und in Berlin. 1915 wanderte er in die USA aus, wo er sich als Dirigent um die Aufführung Neuer Musik verdient machte. 1920–1936 waren die produkivsten Jahre des Komponisten Varèse. Charakteristisch für seinen Kompositionsstil ist die chromatische Melodik sowie eine komplexe aperiodische Rhythmik. In fast sämtlichen Stücken spielen Schlaginstrumente eine Rolle. Sein Spätwerk ›Déserts‹ entstand neben ›Poème electronique‹ nach einer über zehnjährigen Schaffenskrise.

3 Die ganze Familie Zappa (von links): Schwester Candy, Vater Francis
Vincent, Mutter Rosemary, Bobby, Frank und Carl

Anrufs. Die wichtigste Information war, daß Varèse an einem
neuen Werk arbeitete, ›Déserts‹. Frank hielt das nicht für einen
Zufall. Paßte doch schon der Titel trefflich zu seiner gegen-
wärtigen Situation inmitten der kalifornischen Wüste. Varèse
schrieb diese Musik für ihn allein! 1957 erhielt Frank sogar eine
freundlich-unverbindliche Einladung des Komponisten, die er
aber niemals wahrnahm.

Franks Vater hatte nichts gegen seine Vernarrtheit in die
Musik. Sein Hauptinteresse bestand darin, daß Frank Vincent
Zappa Jr. II in der Schule und auch sonst nicht unangenehm
auffiel. Er selbst stammte aus Partinico auf Sizilien, war Inge-

Nach dem gewonnenen Zweiten Welt-
krieg werden die **USA** wirtschaftlich
wie politisch zur führenden Macht der
westlichen Hemisphäre. Die späten
vierziger und fünfziger Jahre sind
durch zunehmenden Wohlstand geprägt, in dem der *American Way of
Life* für eine breite Schicht zum Stan-
dard wird. Hierin richten sich viele
Amerikaner bequem ein. Andererseits ist, außenpolitsch bedingt, die
Furcht vor Kommunisten weit verbreitet, wodurch die Jagd auf Andersden-
kende durch Senator McCarthy unbe-
schadet durchgeführt werden kann.
Ungeachtet dieser Situation erzielen
die Bürgerrechtsbewegungen erste
Erfolge für die farbige Minderheit.

There's a bomb to blow your
  mommy up
A bomb for your daddy,
  too …

*Frank Zappa in seinem Song
›Uncle Bernie's Farm‹ zum
Thema chemische Experimente*

nieur, als Dozent an einer Militärschule angestellt, hatte schon in verschiedenen Funktionen für die Army gearbeitet und galt als militärischer Geheimnisträger, dem man jedoch aufgrund seiner griechisch-arabisch-sizilianischen Herkunft in der hexenjägerischen McCarthy-Zeit ein unterschwelliges Mißtrauen entgegenbrachte. Franks und seiner drei Geschwister Candy, Carl und Bobby Mutter Rosemarie stammte aus einfachen Verhältnissen und hatte zeitweise als Bibliothekarin gearbeitet. Geld war immer knapp in jenen Jahren, und die Lebensumstände für katholisch erzogene, aber trotzdem intelligente Heranwachsende, die man damals gerade anfing »Teenager« zu nennen, waren trostlos. Langweilig. Fad. Spießig. Eine Wüste. Aber, wie ein Kinoplakat von 1954 versprach, auch die Wüste lebt. Mit Musik konnte man sie sogar einigermaßen ertragen. Denn niemand interessierte sich wirklich dafür. Eltern schon gar nicht.

Frank Vincent Zappa, geboren am 21. Dezember 1940 in Baltimore, Maryland, versuchte es nach eigenen Angaben zuerst mit Chemie. Die Eltern unterstützten anfangs

4 Frank Anfang der fünfziger Jahre

seinen Drang zur exakten Wissenschaft. »Mit sechs konnte ich Schießpulver herstellen«. (FZS 6)

Doch zahlreiche Explosionen später fand dann der entscheidende Wechsel statt: Frank entdeckte die Sprengkraft der Musik. Genau gesagt war es arabische Musik, die er irgendwo hörte. Nicht daheim, denn die Zappas besaßen damals kein Radio und nur die eine Gratis-Schallplatte, die dem Familienplattenspieler beilag und die seine Mutter immer beim Bügeln hörte, ›The Little Shoemaker‹. »Später hörte ich einen Song namens ›I‹ von The Velvets, außerdem ›Gee‹, ›Sh-boom‹, ›Riot in Cell Block Number Nine‹ und ›Annie Had a Baby‹. Ich hörte diese Sachen zufällig und war völlig hin und weg«. (FZS 6)

›Gee‹ war von den Crows, ›Sh-boom‹ von den Chords, ›Riot‹ von den Coasters, ›Annie‹ war ein Nachfolge-Song zum Skandal-Hit ›Work With Me Annie‹ von 1954, ebenfalls von Hank Ballard. Es waren klassische Juke-Box-Hits und genau der Stoff, den sich die jungen Fans der zahlreichen Rhythm & Blues-Bands von San Diego reinziehen wollten. Der nächste Schritt war vollkommen logisch: Frank trat einer Band bei, den Ramblers. Das Repertoire entsprach dem wenig originellen Namen: hauptsächlich frühe Little-Richard-Nummern. Frank spielte Schlagzeug, entdeckte aber gerade die Gitarristen für sich: Johnny »Guitar« Watson oder Clarence »Gatemouth« Brown. Er stand auf Gruppen wie The Orchids (›Fine Sweet Woman‹) oder The Nutmegs (›Story Untold‹). Doch obwohl ihm seine fürsorglichen Eltern schon mit zwölf sein erstes Schlagzeug für immerhin 50 Dollar gekauft hatten, lief seine Trommler-Karriere nicht besonders.

> Ich kam hin, baute mein Schlagzeug auf und stellte dann fest, daß ich mein einziges Paar Sticks vergessen hatte (lacht). Und ich wohnte am ganz anderen Ende der Stadt.
>
> *Frank Zappa (FZS 22)*

Der **Rock'n'Roll** in den fünfziger Jahren hatte sich aus dem schwarzen Rhythm & Blues (R & B) entwickelt und wurde nun auch für ein weißes Publikum aufbereitet. Sein Propagandist war der DJ Alan Freed. Es gab fünf Stile des Rock'n'Roll, deren prominenteste Vertreter der ältliche Bill Haley, der bluesige Elvis Presley, der witzige Chuck Berry, der tolle Little Richard und der rabiate Jerry Lee Lewis waren. Zum Nordstaaten-Rock'n'Roll eines Haley oder Pat Boone kamen nach Charlie Gillett tanzbarer R & B aus New Orleans, ländlicher Rockabilly hauptsächlich aus der Gegend um Memphis, Chicago R & B und Doo-

Trotzdem, Musik war das Beste. Die Zappas hatten einen Plattenspieler, nicht gerade HiFi.»Man legte eine Münze auf den Tonarm; damit hörte ich diese Platte dann immer wieder. Meine Eltern verboten mir, sie in ihrer Gegenwart zu hören, denn die Sirenen machten meine Mutter beim Bügeln ganz neurotisch.« (FZS 24)

»Diese Platte« war, wie die Zappa-Forschung schnell herausfand, ›Complete Works of Edgar Varèse‹, Vol. 1, Elaine Music Stores (EMS) 401. Sie enthielt die Kompositionen ›Intégrales‹, ›Density 21. 5 ‹, ›Ionization‹ und ›Octandre‹. Ausführende waren Rene Le Roi, das New York Wind Ensemble, das Juilliard Percussion Orchestra und der Dirigent Frederic Waldman. Überwacht worden waren die Aufnahmen vom Komponisten selbst.

Wie der kleine Zappa an diese Platte gelangte, hat er in vielen Interviews erzählt und damit zu einer gewissen Legendenbildung beigetragen. Denn der berühmte Artikel in der Zeitschrift ›Look‹, der eine kurze Kritikernotiz und vor allem ein Foto der Albumhülle brachte, war bereits im November 1950 in der Ausgabe Nummer 7 der Zeitschrift auf Seite 111 erschienen. Zappa war damals neun Jahre alt gewesen. Es ist also relativ unwahrscheinlich, daß er den Artikel gleich bei seinem Erscheinen las, wie Greg Russo richtig bemerkte. Seiner Meinung nach wird Zappa ihn ein paar Jahre später, vermutlich mit zwölf, wahrscheinlich in einem Wartezimmer oder bei einem Friseur gefunden haben. Und möglicherweise hat er die Platte auch erst 1953 oder 1954 in einem Katalog der Schallplatten-Ladenkette von Sam Goody entdeckt. Sicher aber ist, daß er sie bei einem Besuch in La Mesa, einer kalifornischen Kleinstadt entdeckte, in einem bereits ziemlich verkratzten Zustand. Es war eine Musterpressung. Frank handelte den Ladenbesitzer um zwei Dollar auf 3,95 Dollar herunter. Da-

Wop, wie man den Rock'n'Roll von Gesangsgruppen nannte. Im typischen New Orleans-Piano-Stil musizierte etwa Fats Domino, der die Stadt auch häufig besang (›Walking to New Orleans‹). Elvis Presley, Jerry Lee Lewis und Carl Perkins waren die prominentesten Vertreter der Memphis-Fraktion, Chuck Berry und Bo Diddley standen für den Chicago-Stil, der im Umfeld von Chess-Records entwickelt wurde. DooWop von Gruppen wie den Orioles, den Moonglows oder den Flamingos war ebenfalls in Chicago stark, aber auch in New York. Erfolgsgruppen wie The Platters schafften es als erste auch ins Fernsehen.

5 Wohnsiedlung in Kalifornien, Ende der fünfziger Jahre

heim spielte er die Platte dann allen vor, die er für würdig befand. Er las die beigegebenen Notizen von Sidney Finkelstein, bis er sie fast auswendig konnte, und ging in die örtliche Bücherei, um mehr Informationen über Varèse zu bekommen.

Im Jahr 1956 zog Familie Zappa nach Lancaster, Kalifornien, einer weit ausgedehnten Ansiedlung mit ungefähr 100 000 Einwohnern. Eine Autofahr- und Autoradio-Stadt direkt aus dem amerikanischen Alptraum, Stoff für Hunderte von Zeilen allerschärfster Kleinbürger-Satire.

Frank besuchte die Highschool, insgesamt eher lustlos:

> Take a day
> And walk around
> Watch the nazis
> Run your town
> Then go home
> And check yourself
> You think we're singing
> 'bout someone else.
> ›Plastic People‹

> Mister America
> Walk on by
> Your schools that do not teach …
> ›Hungry Freaks, Daddy‹

Bei der gleichen Gelegenheit – er beantwortete 1966 einen Fanzine-Frage-bogen – wurde Zappa noch deutlicher: »Wenn sich diese Woche die Gele-genheit bietet – schmeißt die Schule, bevor dieses unbeteiligte, ineffektive Teenager-Bildungssystem zugrunde richtet, was Ihr an natürlicher Intel-ligenz hattet, bevor Ihr all diesen Mist aufgedrückt bekommen habt.«

»Mir hat die Schule viel besser gefallen als ich ihr. Ich wurde ständig rausgeschmissen. Eines Tages an der Highschool war ich's leid und wollte aussteigen, aber da ließen sie mich nicht mehr – ich war ganz schön sauer!« (FZS 16)

Was also kann ein armer Junge tun, der nichts als Rhythm & Blues hören will, aber kein Geld hat? Richtig, er sucht sich einen Job in einem Schallplatten-Laden. Und da Lancaster eine »rich-tige Cowboy-Gegend« war, übernahm Frank den Einkauf »und führte eine gezielte Kampagne zur Verbesserung des Musikge-schmacks in meinem Viertel durch, indem ich Platten wie ›Tell Me Darling‹ von den Gaylarks besorgte; auch ›Oh What a Night‹ von den Dells habe ich stapelweise verkauft«. Weiße Rock'n'Roll-Sänger mochte Frank überhaupt nicht, Elvis einge-schlossen. Dessen Version von ›Hound Dog‹ kam ihm, der die Originalversion von Big Mama Thornton besaß, wie ein Sakri-leg vor. Er versorgte sich lieber mit gebrauchten Jukebox-Plat-ten, die er für ein paar Cents im Kaufhaus abstaubte. Insbesonde-re stand er auf die Excello-Singles, auf denen Blues-Interpreten wie Lightnin' Slim oder Slim Harpo zu hören waren.

Franks musikalische Ausbildung verlief solchermaßen ex-trem zweigleisig. Einerseits knallte er sich die Gehörgänge mit wilder »Negermusik« zu, andererseits beschäftigte er sich ernsthaft mit Harmonielehre und klassischen Kompositions-techniken. Einige frühe Kompositionen wurden sogar vom Schulorchester aufgeführt. Seine Musik profitierte später von beiden Einflüssen. Außerdem spielte er weiterhin Schlagzeug

Das unabhängige **Excello-Label** pflegte ab 1952 eine spezielle Art des R & B, der als Swamp-Blues be-kannt werden sollte. Sein größter Hit war ›Baby Scratch my Back‹ von Slim Harpo, der 1966 Nummer eins der R & B-Charts und Nummer 16 der Pop-Charts wurde. Sein viel-leicht bekanntester Song war ›I'm a King Bee‹, der zwar nie ein Hit, aber für das englische Blues-Revival unverzichtbar wurde. Slim Harpo punktete noch mit ›Rainin' in my Heart‹ und ›Tip on in (Part 1)‹. Sein Kollege Lightnin' Slim schaffte das nur einmal, 1959, mit ›Rooster Blues‹. Dabei war er mit 29 Singles der produktivste Excello-Künstler.

im Schulorchester und in seiner ersten eigenen Band, The Blackouts. Der Name kam daher, weil einige Mitglieder das damalige Lieblingsgetränk Pfefferminz-Likör partout nicht vertrugen. Trotzdem brachten es die Blackouts bis zur Vorgruppe von Earl Bostic, dem berühmten Saxophonisten, der 1951 mit ›Flamingo‹ einen Welthit gehabt hatte.»Wir hatten zehn Songs, die wir wirklich gut beherrschten, und ich würde sagen, ungefähr die Hälfte davon waren Cover-Versionen von Rhythm & Blues-Klassikern. Wir spielten ›Behind the Sun‹ und ›Pocky Docky Stomp‹, ›Bacon Fat‹, das damals noch relativ neu war. ›Kansas City‹. Und ›Directly from my Heart to You‹ von Little Richard.« Auch bei den Blackouts spielte Frank Schlagzeug.

Die Liebe zum R & B teilte Frank nur mit wenigen Jugendlichen. Einer davon, ein gewisser Don Van Vliet, wurde ein richtiger Freund. Frank lernte ihn 1956 kennen. Gemeinsam traten sie musikhörender- und autofahrenderweise gegen die unendliche Langeweile an. Sie sangen Lieder und sogar die Soli mit, machten Aufnahmen auf Tonband wie ›Lost in a Whirlpool‹, auf denen Frank auf der Gitarre seines Vaters spielte, und zogen sich im Stil der mexikanisch-amerikanischen Halbstarken an.

Sein Expertenwissen nutzte ihm bei der Begegnung mit Johnny Otis, dem bekannten Sänger, der ihm sogar sein Studio zeigte und in Frank die Neugier an der aufnahmetechnischen Seite der Musik geweckt zu haben scheint.

Es dauerte sehr lange, bis Franks Liebe zu der populären schwarzen Musik der Zeit in umgekehrter Richtung gewürdigt wurde. Erst im Jahr 2000 erschien ein Album der altgedienten DooWop-Heroen The Persuasions, das Franks eigene Kompositionen dieser Stilrichtung würdigte. Wie wichtig Zappa im Gegensatz zu manchen seiner Fans und Kritiker seine Rhythm &

Über Franks **musikalische Ausbildung** weiß man nicht allzuviel. Wohl lernte er an der Highschool im Musikunterricht Notenlesen. Mit 13 erhielt er Trommelunterricht bei Keith McKillip, einem in der Gegend recht beliebten Lehrer. Gitarre brachte sich Frank wie viele Rockmusiker seiner Generation selbst bei.

Blues-Wurzeln nahm, geht aus einem Interview hervor, das er dem britischen Rockjournalisten Tony Palmer gab: »Als vor zwölf Jahren der Rock'n'Roll aufkam, wurde er abgelehnt und verfolgt, genau wie heute. Man nannte ihn Underground-Musik, genau wie heute. Auch die einfache Rhythm & Blues-Musik der späten vierziger und frühen fünfziger Jahre schreckte offensichtlich viele Menschen ab. Sie sprachen unumwunden von seinen unzüchtigen und suggestiven Rhythmen. Für die Leute dieser Zeit waren die Texte ein bißchen zu frei. Ich erinnere mich an einen Song, der in jenen Tagen

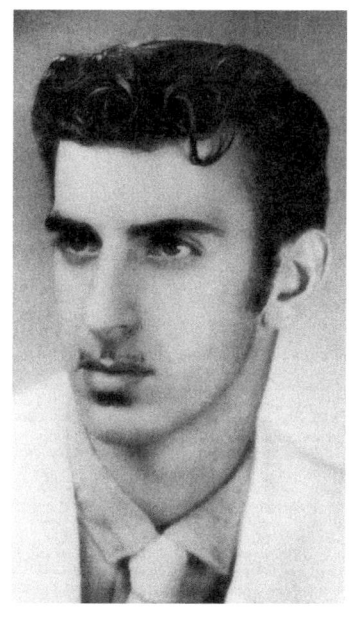

nicht im Radio gespielt werden durfte, der hieß ›Annie Had a Baby‹. ›Babys!‹, sagten alle. ›Über solche Sachen spricht man doch nicht!‹ Wohlgemerkt: Glauben Sie ja nicht, daß heutzutage diese zwölf-, dreizehnjährigen Mädchen etwa nicht nach dem Zeug gucken. Sie nennen es *the bump*, den Ständer. Habe ich dieses Wochenende gehört. Ich hörte, wie diese Mädchen davon sprachen: ›Ich habe Mick Jagger gesehen, der hat einen hübschen *bump*.‹ Soul ist Ständer-Musik.« (›Electric Revolution‹, S. 183/184)

Und bei gleicher Gelegenheit definierte Frank den Rock'n' Roll als eben jenen Ausdruck pubertären Wahnsinns, der für

6 Dieses Portrait von Frank wurde anläßlich seines Abschlusses der Highschool (1958) aufgenommen.

> You're probably wondering
> Why I'm here
> And so am I
> So am I   *›You're probably wondering Why I'm here‹*

das kollektive wie das individuelle Amerika konstituierend war und ist.

   »Im übrigen ist die Pop-Musik vor allem eine weit fortgeschrittene Volkskunst. Und zwar elektrische Volkskunst. Und doch werden Sie zugeben müssen, daß viele, die da Pop-Musik von sich geben, musikalisch nahezu Analphabeten sind. Ich finde es großartig, daß auch Leute, die sie auf der Drüsenebene machen, reinkommen, ihre Sache abziehen, ihr Geld machen und wieder rausgehen können. Es ist dufte, daß sie die Chance kriegen, sich selber auszudrücken, denn genaugenommen ist es gerade das, was sich die Leute kaufen wollen. Etwas auf der Drüsenebene. Sie wollen etwas, das mit ihnen auf derselben Ebene kommuniziert, aus der heraus sie leben. Das ist in den Vereinigten Staaten Kultur, Leute!« (Electric Revolution, S. 184)

   Mit 16 freilich wurde Frank selbst so sehr von allen Seiten durch seine eigenen Genien (oder Drüsen?) bedrängt, daß er sich nicht endgültig entscheiden konnte. Er fing 1956 an, mit der Kamera seines Vaters Schmalfilme zu drehen. Sein Erstlingswerk ›Motion‹ war ein Experimentalfilm in der Art eines Werner Nekes. »Für meinen ersten Film habe ich ein Stück Wäscheleine an den Sucher gebunden, die Kamera aufgezogen und sie durch die Luft gewirbelt, bis die Feder abgelaufen war. Dieselbe Filmrolle habe ich dann noch ein paarmal belichtet.«

   Die Musik gewann schließlich doch. Aber nicht das Schlagzeug. Frank machte seinen Highschool-Abschluß etwas vorzeitig an der Antelope Valley Joint Union High School. Man

Werner Nekes, geboren am 29. April 1944 in Erfurt. Erste Filme: 1965 ›Fehlstart und Start‹; 1967 ›Jüm Jüm‹: »Vor einer mit einem abstrahierten Penis bemalten Leinwand, die im Freien aufgestellt ist, schaukelt ein Mädchen (Dore O.) hin und her.« (B. Hein). 1968 ›Kelek‹, erster Langfilm. 1969: Eine Jury von ›Bild und Funk‹ will Nekes für seine Filme ehren. Bei der Übergabe des Preises fragt Nekes, ob er ihn auch ablehnen dürfe und verzichtet dann darauf (›Chronik des deutschen Films‹). 1982 ›Ulisses‹, Spielfilm nach James Joyce. 1986 ›Was geschah zwischen den Bildern?‹, Lehrfilm.

schrieb Freitag, den 13. Juni 1958. Genau an diesem Tag verließ er auch die Blackouts. Und hörte auf, das Schlagzeug zu traktieren.

Er (oder nach anderer Quelle sein Bruder Bobby) ersteigerte sich für schwache einskommafünf Dollar etwas aus der Gattung Gitarrenähnliche mit extrem hoher Saitenlage. Aber Rhythmusgitarre wollte er ohnehin nicht spielen. »Innerhalb von vier Wochen spielte ich so richtig arschige Teenagersoli«.

Am 28. Dezember 1960 heiratete Frank seine damalige Freundin Kathryn J. Sherman, genannt Kay. Sie war ein Jahr älter als er. Mit ihr lebte er drei Jahre lang in einem Haus in Ontario, Kalifornien. Frank spielte nun mit The Boogie Men und Jee Perrino and the Mellotones. Manchmal übten die Bands in Franks Garage.

Seine erste elektrische Gitarre erwarb er mit 21, eine Fender Jazzmaster. Ermöglicht hatte diese tollkühne finanzielle Anstrengung ein Kompositionsauftrag für einen Film, dem dann noch ein weiterer folgen sollte. Es handelt sich um ›The World's Greatest Sinner‹, ein Drama, und um ›Run Home Slow‹, einen Billig-Western. »Er hatte ein paar lustige Stellen« (1974 in einem Interview).

Die hier erwähnten lustigen Stellen ergaben sich aus folgender Besetzung: »Eine üble Rancherin, ein nymphomanisches Cowgirl sowie ein buckliger Hilfsarbeiter namens Kirby, der zu guter Letzt die Nymphomanin in der Scheune vernascht, direkt neben dem verwesenden Leichnam des Familien-Esels.«

Der erwartete Geldregen freilich blieb aus. Frank erhielt aber später wenigstens einen Teil des vereinbarten Honorars. Ansonsten schlug er sich als Musiker durch, so gut es eben ging. Und er fing an, im Studio eines gewissen Paul Buff zu arbeiten, das er 1963 inoffiziell übernahm.

Schon in den zwanziger Jahren fingen Gitarristen wie Les Paul (Rhubarb Red) oder Eddie Lang an, ihre **Gitarren** über Radios oder Phonographen zu verstärken. Eddie Durham machte 1935 Aufnahmen mit einer E-Gitarre, Floyd Smith spielte die ersten Aufnahmen mit einer elektrischen Hawaii-Gitarre ein. Charlie Christians erste E-Gitarre war vermutlich eine Gibson ES 150, die noch bis 1956 gebaut wurde. 1950 brachte Leo Fender seine bahnbrechende Telecaster heraus. Die Gibson ES 350T war die bevorzugte Axt der Rock'n'Roller. Die ersten, die mit Verzerrung experimentierten, waren Guitar Slim und Link Wray.

Weitere Materialien für Interessierte

a) Musik

Edgard Varèse: ›The Complete Works Of Edgard Varèse, Volume I‹ EMS 401 und ›Déserts‹, sowie das Gesamtwerk.

Strawinsky: ›Sacre Du Printemps‹ (Billigausgabe), Wold Wide Symphony Orchestra, RCA (identisch mit Boston Symphony Orchestra conducted by Pierre Monteux)

Webern, Symphonie 21/Streichquartette oder (besser noch) ›Webern Complete Works Opp. 1–31‹, Juilliard Quartet – London Symphony Orchestra – Pierre Boulez (Sony)

Alarmglocken, Telefone und Explosionen auf ›Sound Effects Vol. 1–10‹ und ähnlichen Sammlungen

Noch mehr Sirenen auf ›Futurism & Dada Reviewed‹, Sub Rosa‹ CD

›The Little Shoemaker‹, Petula Clark 1956

Arabische Musik auf:

›The Story Of Arabic Song‹

›Various Artists‹ 2000 (Hemisphere)

›Folklore – Cairo To Casablanca (An Arabic Musical Odyssey)‹ 1998 (Exil/Putumayo)

›Spirit of The Moment (Classical Arabic & Turkish Music)‹ von Salsabil, 2000 (United One)

Little Richard: ›Directly From My Heart To You‹ u.a. auf ›Little Richard‹ (Bell)

The Velvets, ›I auf Smoochin' In New York‹ (Charly)

The Orchids, ›Fine Sweet Woman‹ (u.a.) auf ›Jumpin' In Chicago‹ (Charly)

The Crows, Gee und The Chords: ›Sh-boom‹ auf allen besseren DooWop-Samplern

The Coasters (als The Robins), ›Riot In Cell Block Number 9‹ auf ›50 Coastin Classics‹ (Rhino)

The Spaniels u.a. auf ›Bim Bam Boom. 28 Rockin DooWops‹ (Charly)

The Paragons u.a. auf ›Memories Of Times Square‹

The Jewels u.a. auf ›Buck Ram's DooWop‹

The Dells auf ›Oh, What A Night! The Great Ballads‹ (Uni/Chess)

Big Mama Thornton, ›Hound Dog‹ auf ›The Original Hound Dog‹ (Ace) oder ›American Folk Blues Festival Box‹ (L & R)

Howlin' Wolf u.a. auf ›The Genuine Article‹ (Chess)

Muddy Waters u.a. auf ›The Complete Plantation Recordings‹ (Chess)

Sonny Boy Williamson u.a. auf ›The Bluebird Recordings 1937–1938‹ (BMG/RCA)

Guitar Slim u.a. auf ›Sufferin' Mind‹ (Fantasy/ Specialty)

Don and Dewey auf ›Jungle Hop‹ (Fantasy/Specialty)

Hank Ballard & The Midnighters auf ›Sexy Ways: The Best Of Hank Ballard & The Midnighters‹ (WEA/Atlantic/Rhino)

Johnny »Guitar« Watson, ›Three Hours Past Midnight‹ auf ›3 Hours Past Midnight‹ (Emd/Virgin)

Clarence Gatemouth Brown, Slim Harpo, Lightnin' Slim u.a. auf ›Excello Hits‹ (Ace)

Earl Bostic u.a. auf ›Flamingo‹ (Charly)

Wilbert Harrison u.a. auf ›Juke Box Hits‹

›Run Home Slow Theme‹ auf ›Lost Episodes‹

›Frankly A Cappella: The Persuasions Sing Zappa‹ WEA/Atlantic/Rhino (2000)

1. ›Lumpy Gravy‹
2. ›Any Way The Wind Blows‹
3. ›Electric Aunt Jemima‹
4. ›The Meek Shall Inherit Nothing‹

5. ›Interlude‹
6. ›Cheap Thrills‹ (mit Bruce Fowler)
7. ›Hotplate Heaven At The Green Hotel‹
8. ›Love Of My Life‹ (mit Robert Martin)
9. ›You Are What You Is‹
10. ›Interlude 2‹
11. ›Harder Than Your Husband‹
12. ›Find Her Finer‹
13. ›Interlude 3‹
14. ›My Guitar Wants To Kill Your Mama‹ (mit Mike Keneally)
15. ›Tears Began To Fall‹/ ›Mystery Track‹

Ein später Tribut: 1970 war auf Frank Zappas Straight-Label ein Album der Persuasions mit dem Titel ›A capella‹ erschienen!

b) Film

›Die Wüste lebt‹ (Walt Disney 1954)
›The Killer Shrews‹ (›Nacht der unheimlichen Bestien‹)
›The Beast Of Haunted Cave Wasp Woman‹ (›Wespenfrau‹)
›Mothra‹ (›Godzilla und die Urweltraupen‹)
›Dead Of Night‹ (›Traum ohne Ende‹)
›Freaks‹
›Alice im Wunderland‹
Werner Nekes
›The World's Greatest Sinner Run Home Slow‹

c) Literatur

Carson Mc Cullers
Salinger, ›Catcher In The Rye‹
Tony Palmer, ›electric revolution. Die Inside Story der Pop-Stars‹ 1971

d) Dokumente

Look Nr. 7 vom November 1950

Die Gute-Sachen-Aus-Obskuren-Quellen-Abteilung ist in folgender Hinsicht fündig geworden: Von EMS

kommt das erste Album einer Serie, die verspricht, das Gesamtwerk des phantastisch individualistischen Komponisten Edgard Varèse aufzunehmen. ›Density 21.5‹, ›Intègrales‹, ›Octandres‹ und ›Ionisation‹ – eine verträumte kleine Episode für 35 Perkussions-Instrumente und sonst absolut nichts – sind die Titel. Varèse ist anders als alles andere in der Musik und durchaus kennenswert. Die Aufnahme ist exzellent …

e) Zitate

»Peek-A-Boo«
»Bim Bam Boom« (The Cadillacs)
»Boom Diddie Boom« (The Tornados)
»Boom Boom Zing« (The El Dorados)
»Zing Zing Zing« (The Cadillacs)
»Zoom Zoom Zoom« (The Dells)

Studio Z. Die Zeit in Cucamonga

Im Studio von Paul Buff lernte Frank den Umgang mit der Mehrspur-Aufnahmetechnik. Außerdem war man in der Lage, Probepressungen auf Azetat herzustellen und sie kleinen Labels anzubieten. So kamen etliche von Franks Stücken unter verschiedenen Namen und Interpreten auf die lokalen Märkte. Vor allen das Surf-Musik-Label Del-Fi profitierte von Franks Ideen, wie man nun wieder auf dem Album ›Cucamonga‹ nachhören kann.

Bei Zappas Aufnahme-Sessions im Pal Studio entwickelte er bereits jene satirisch-experimentellen Stilmischungen, die er später zu seinem ureigenen Dada-Theater ausbauen sollte. Paul Buff trat dabei nicht selten als Musiker in Erscheinung. Zappa schätzte seinen rauh-aber-herzlichen, direkten Zugang zu diversen Instrumenten. Die beiden waren in vielen Dingen sehr gegensätzlich, doch ihre Vorliebe für Improvisations-Lösungen, die aus echter Not geboren wurden, einte sie dann doch wieder. Im nachhinein stellte Buff Frank ein gutes Zeugnis aus, vor allem, was seine menschlichen Qualitäten betraf.

Frank versuchte, seine frühen Kompositionen bei verschiedenen kleinen Labels anzubieten, aber niemand schien sich dafür zu interessieren. Und es waren immerhin einige Sachen

Ich kannte Frank sehr gut und er war einer der am wenigsten arroganten Menschen, die ich jemals kannte. Der Gedanke an Idole, Super-Stars und jene Leute, die die Massen mit solchen Ideen manipulierten, empörte ihn …

Paul Buff über Frank Zappa

Eine der vielen kalifornischen Subkulturen waren die Surfer, die aus dem Wellenreiten auf ihren Brettern einen eigenen hedonistischen Lebensstil entwickelten, der sich oft am Rande der Legalität bewegte. Am besten schildert vielleicht Kathryn Bigelows Film ›Point Break‹ diese Mentalität. Surfmusik war der Soundtrack dazu und handelte von den Surfern und ihren Surfer-Girls. Die Beach Boys beuteten die Szene frühzeitig mit geklauten Chuck Berry-Riffs aus. Der echte Stoff kam von Leuten wie Dick Dale und Bobby Fuller, von Gruppen wie The Surftones, The Surfaris, The Surfettes, Moongooners und De-Fenders.

dabei, die später auf seinem erfolgreichen ›Hot Rats‹-Album einen Platz fanden. Der einzige, der Interesse an Zappa bekundete, war Bob Keane, der Besitzer von Del Fi-Records. Seine Ohren waren unverstopft genug und er mochte, was er da hörte.

Im März 1963 veröffentlichte Keane eine Single von Baby Ray & The Firns mit dem wunderbaren Titel ›How Is Your Bird?‹ Kaum war diese weltbewegende Frage nicht beantwortet, hatte Zappa schon weitergehende Ideen. Er versuchte sich als Promoter seiner selbst. Er versuchte wochenlang vergeblich, als ernsthafter Musiker in die Steve Allen Show eingeladen zu werden. Schließlich gelang es ihm zur allgemeinen Überraschung dann doch. Gefragt, wie er dies bewerkstelligt habe, erwiderte er trocken: »Ich hab' denen gesagt, ich spiele Fahrrad.«

In der Show führte Zappa dann sein eigens dafür geschriebenes Fahrrad-Stück ›Cyclophony‹ auf. In bester Mauricio-Kagel-meets-Spike-Jones-Manier traktierte er das Fortbewegungsmittel wie ein Perkussions-Instrument. Der Show-Master war so beeindruckt, daß er ihn bat, nicht wieder zu kommen.

Zappa und Buff lernten den DJ Art Laboe kennen, der ein eigenes Label besaß. Für die wiedererstandenen Penguins, deren Hit ›Earth Angel‹ noch heute alle einschlägigen Anthologien ziert, durfte Zappa ein Lied namens ›Memories Of El Monte‹ schreiben.

Im Frühjahr 1963 sollte Buff ein Mischpult für eine andere Firma bauen. Zappa übernahm den Studiobetrieb. Eine seiner ersten Amtshandlungen war, das Pal Studio in Studio Z umzutaufen.

Zappa spielte alle Instrumente auf der gleichnamigen Single von Mr. Clean, Rückseite: ›Jessie Lee‹. Mit Ray Collins zusammen schrieb er für The Heartbreakers aus East Los Angeles

Don van Vliet, geboren 1941, experimenteller Musiker und Maler, Scharlatan und / oder Genie. Der begnadete Multi-Instrumentalist, Lyriker und Schulfreund Zappas gilt als Orson Welles der Pop-Kultur. Sein an Howlin' Wolf geschulter, in den Anfängen von Ry Cooder unterstützter Blues des 21. Jahrhunderts war kommerziell nie erfolgreich, beeinflußte aber so ziemlich jede Underground-Band. Unter den bekennenden Anhängern seiner bruitistischen Kunst finden sich Namen wie Pere Ubu, Devo, XTC, Sonic Youth, Spacebox und Sparifankal. Anfang der achtziger Jahre hörte Beefheart auf Musik zu machen.

den ›Cradle Rock‹ und ›Everytime I See You‹.

Don Van Vliet kam im Sommer vorbei, und sofort gründete man The Soots. Die Soots spielten verzerrte Gitarren und verzerrten Baß auf ›Metal Man Has Won His Wings‹ und ›Tiger Roach‹. Zappa bot Dot Records ein Little Richard-Cover an, ›Slippin' And Slidin'‹, das aber wegen der verzerrten Gitarre abgelehnt wurde. Das war auch schon das Ende der Soots. Es folgte die Village Inn Band, die Franks alten Freund und

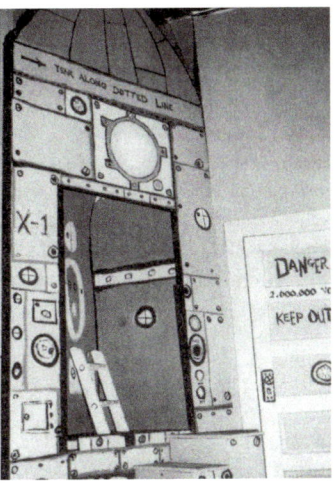

Blackouts-Fan Jim Motorhead Sherman als Saxophonisten beschäftigte. Danach folgten die Muthers, konzipiert als Power Trio.

Zappa war als Produzent und Studiomusiker energetisch nicht ausgelastet. Außerdem hatte ihn seine Arbeit als Filmmusik-Komponist offenbar zu eigenen Taten inspiriert. Um sein Filmprojekt ›Captain Beefheart vs. The Grunt People‹ publik zu machen, lud er eine Schar von Journalisten in das mit Science-Fiction-Film-Kulissen völlig verbaute Studio ein. Zappa verwendete dazu alles Gerümpel aus dem Studio, verschönerte es mit grellen Leuchtfarben und schuf so eine futuristische Atmosphäre. Wer auf die Toilette wollte, mußte sich vom Cockpit des Raumschiffes aus durch ein schlauchartiges Gebilde zum Ziel seiner Wünsche vorankämpfen. Spock & Co. hätten jedenfalls ihre Freude daran gehabt. Aus dem Filmprojekt

7 Die für den Film ›Captain Beefheart *vs* The Grunt People‹ aufgebauten Science-Fiction-Kulissen im Studio Z

wurde leider nie etwas, doch Don Van Vliet, der für die Hauptrolle vorgesehen war, bekam seinen Künstlernamen, der ihm
auf seiner alles andere als geradlinigen Rockmusiker-Karriere
bestimmt nicht hinderlich war.

Ende 1963 zerbrach die Ehe mit Kay Sherman; sie wurde 1964
geschieden. Anfang 1964 erhielt Frank einen Anruf von den
Soul Giants. Er sollte deren Gitarristen ersetzen, mit dem Band-
leader Ray Collins, Bassist Roy Estrada, Saxophonist David
Coronado und Schlagzeuger Jimmy Carl Black – der indiani-
scher Abstammung war und eigentlich James Inkinish hieß –
nicht besonders gut auskamen.

Die Giants benannten sich um in Captain Glasspack And His
Magic Mufflers. Zeitweilige Mitglieder waren die Folksängerin
Alice Stuart, Van Dyke Parks und Malcolm Rebennack, der
sich später Dr. John nannte. Im Publikum waren meist junge mexi-
kanische Arbeiter, sogenannte *pachucos*. Sie wollten einfachen
Rhythm & Blues hören. Zappa hingegen bestand zunehmend
auf eigenem Material. Coronado bekam kalte Füße und stieg aus.

Der Rest benannte sich wieder um. Diesmal in The Mothers.
Zufälligerweise war dies am 10. Mai 1964 – Muttertag.

Frank hatte nun Größeres im Sinn. Er begann, in langfristigen Konzepten zu denken. Am Anfang sollte eine Art Musical
stehen, eine Teenager-Oper mit dem schönen Titel: ›I Was a
Teenage Maltshop‹. Einige Titel daraus, wie ›Ned The Mumb-
ler‹ und vor allem ›Status Back Baby‹, wurden später veröffent-

I'm losing status at the high school
I used to think that it was my school
wah wah wah wah
I was the king of every school activity
But that's no more …
Oh mama, what will become of me?

Status Back Baby

8 Die Mothers
of Invention Mit-
te der 60er Jahre

licht. Ansonsten wollte keiner etwas von einer Teenager-Oper wissen.

1964 war insgesamt ein gutes Jahr für Frank. ›Run Home Slow‹ kam endlich raus und er erhielt 2000 Dollar. Das reichte für eine gute Gitarre, eine Gibson ES-5 Switchmaster und für den Kauf des Pal-Studios, das nun auch offiziell Studio Z hieß.

Doch so gut sollte es nicht weitergehen. Mit dem Studio war nicht allzuviel zu verdienen. Frank war jede Gelegenheit recht, ein paar Dollar extra zu machen. Er wurde daher auch nicht mißtrauisch, als ihn eines Tages ein verdeckt operierender Sittenpolizist anhaute, ob er ihm entweder einen Porno-Film oder ein extrascharfes Tonband liefern könnte. Da 300 Dollar für den Film zu teuer waren, einigte man sich auf 100 Dollar für das Tonband. Frank produzierte es unter viel Gelächter, das später wieder herausgeschnitten werden mußte, mit der achtzehnjährigen Lorraine Belcher, die mit Motorhead und einigen anderen Mädels im Studio Z herumhing.

Was er nicht ahnte, war, daß die Polizei das Studio durch ein frisch gebohrtes Loch in der Wand observierte und daß der Etat der Sitte für den Deal leider nur 50 Dollar betrug. Nachdem er es abgelehnt hatte, für diese lächerliche Summe das mühevoll bearbeitete Tonband herauszurücken, stürmte die Polizei das Studio. Lorraine und Frank wanderten ins Gefängnis und kamen nur gegen Kaution wieder frei. Frank erhielt sechs Monate auf Bewährung. Er verlor seine Befähigung, den Dienst fürs Vaterland auszuüben und durfte sich in der Bewährungszeit nur noch mit Frauen über 21 abgeben. Das größere Problem war, daß Frank nun jede Menge Schulden hatte. Auch ein kleinerer Hit, den er in Mexiko mit ›Grunion Run‹, der B-Seite von ›Tijuana‹, hatte, machte das Kraut nicht fett, sondern verhinderte nur den totalen Absturz. Es mußte dringend etwas geschehen.

Baby baby Baby baby
And he loves it, he loves it
It curles up his toes
She bites his fat neck
And it lights up his nose
But he cannot be fooled

Old City Hall Fred
She's nasty, she's nasty
She digs it in bed
Do it again, and do it some more
That does it, by golly
It's nasty for sure

Brown Shoes Don't Make it

Weitere Materialien für Interessierte

a) Musik
›Cucamonga‹
›The Lost Episodes‹
›Cruising With Ruben And The
   Jets‹
›Rare Beefheart‹/›Vintage Zappa‹

The Grandmothers: ›A Mother
   Of An Anthology‹, ›Looking
   Up Granny's Dress‹, ›Eating
   The Astoria‹
Jimmy Carl Black: ›Geronimo
   Black‹
Alice Stuart: ›Alice Stuart‹
   (Arhoolie)
Dr. John auf unendlich vielen
   Alben, u. a. ›The Dr. John
   Anthology‹ (Rhino)

b) Film
Curt McDowell/George Kuchar:
   ›Thundercrack‹
Kenneth Anger: ›Magic Lantern
   Cycle‹, Vol. 1–4
Dennis Ray Steckler: ›Rat Pfink
   A-Boo-Boo‹
ders.: ›The Incredibly Strange
   Creatures Who Stopped
   Living And Became Mixed
   Up Zombies‹
ders.: ›The Thrill Killers‹

c) Literatur
Vladimir Nabokov: ›Lolita‹
Leslie Adirondack: ›Electric
   Sensation‹
James Robert Baker: ›Treibstoff‹

d) Zitate
1963: »Üch bün ain Bärrlinnärrr!«
   (John F. Kennedy)
»I have a dream« (Martin Luther
   King)
»The answer, my friend, is blowin'
   in the wind ...« Bob Dylan
»Be true to your school!« (The
   Beach Boys)

1964: »Black is Beautiful!« (Volkes
   Stimme)
»Tune in to the underground«
   (David Volksmund)
»Pop is art« (Andy Warhol)

e) Zeiterscheinungen
In den ersten beiden Jahren des
beliebten Car-Crashings werden
15 000 Autos bei über 150 Veran-
staltungen demoliert.
Deftige Bumpersticker wie »Kick a
puppy today!« sind sehr beliebt.

f) Teenagersprache
Fox
fescher Hase
Mouse
süße Maus (Rainald Goetz noch
   1998)
Triple ratfink
Katastrophe
Wuzza wuzza wuzza wuzza

g) Modetänze
The Bug, The Roach sind out.
Watusi, Swim, Frug, Monkey sind
   in in den »Discos«, wie man
   jetzt zu sagen beginnt ...

h) Zappalog
Herb Hendler, ›Year By Year In
   The Rock Era‹

Mütter als Kinderschreck –
The Mothers of Invention

Im Jahr 1965 explodierte die Rock-Szene. Wer es jetzt noch nicht kapiert hatte, würde es nie kapieren. In England herrschten die Beatles, die Rolling Stones, The Who, The Kinks, The Pretty Things. In den USA waren es die Byrds, Beau Brummels, Big Brother & The Holding Company, Quicksilver Messenger Service, Country Joe & The Fish, The Great Society, Jefferson Airplane, The Grateful Dead, um nur einige zu nennen und von den zahllosen Protest-Sängern und Folkies wie Donovan, Bob Dylan, Phil Ochs, Richard und Mimi Farina, Joan Baez und Buffy Ste. Marie ganz zu schweigen.

9 Hippie-Outfit um 1967

Schulterlanges Haar, Bärenfell, papageienbunte Kattunkleider, farbige Ornamente, manchmal im Gesicht: So treten zuerst in Kalifornien, dann in New York, dann in London, dann überall die Hippies auf. Sie suchen und propagieren Frieden. Ihre Waffen sind Blumen, ihr Kennwort heißt Flowerpower.

›Die wilden sechziger Jahre‹

Die **Hippies** waren die Nachfolgegeneration der Beatniks. Schon diese Aussteigertypen, die sich am Free Jazz, den Gedichten von Allen Ginsberg, insbesondere ›Howl‹, den Drogen-Romanen von William S. Burroughs labten und mit Jack Kerouac ›Unterwegs‹ waren, hatten die amerikanische Mittelschicht der fünfziger Jahre in Angst und Schrecken versetzt. Nun liefen sie weiterhin barfuß, ließen sich die Haare noch länger wachsen und stellten sich Dr. Leary für seine Lysergsäure (LSD)-Experimente zur Verfügung. Die Medien liebten sie so sehr, daß ›Hippie‹ schon 1967 feierlich zu Grabe getragen wurde.

Barry McGuire, sonst ein eher schlaffer Barde, hatte mit ›Eve of Destruction‹ den allerersten Protest-Hit. Die Beatles stellten einen neuen Rekord auf: Sie besetzten die ersten fünf Ränge der amerikanischen Hot-100-Singles-Hitparade. Im Matrix-Club von San Francisco startete Jefferson Airplane. Die amerikanische Ostküste konterte mit Lovin' Spoonful. In den Cafés und auf dem Campus hörte man mit Vorliebe Folk-Rock. Bob Dylans elektrifizierte Auftritte lösten aber immer noch Proteste aus. In Forest Hill, New York, wurde er wieder einmal von der Bühne gebuht. Bill Graham eröffnete das Fillmore West mit Jefferson Airplane und The Grateful Dead. Jefferson Airplane schafften es noch im gleichen Jahr, einen Werbespot für Levis-Jeans aufzunehmen und einen Plattenvertrag mit dem Major-Label RCA zu erhalten.

Die Rolling Stones waren auf dem Weg nach oben mehrere Schritte voraus und spätestens seit der Parole ›I Can't Get No Satisfaction‹ Nummer zwei in der weltweiten Beliebtheitsskala unter Jugendlichen. Viele Gruppen experimentierten mit neuen Sounds, die aufgrund frisch entwickelter Zusatzgeräte möglich wurden. Gitarrist Jeff Beck soll als einer der ersten die Fuzz genannte Verzerrer-Box bei Aufnahmen der Yardbirds eingesetzt haben. Ähnliche Effekte hatte freilich bereits Ende der fünfziger Jahre Link Wray erzielt, indem er seine Lautsprecher mit einem Bleistift durchbohrte. Jimi Hendrix meisterte das Wah-Wah-Pedal. Peter Frampton steckte sich einen Schlauch in den Mund, der mit einer sogenannten Voice-Box verbunden war, und entlockte auf diese Weise seinem Instrument sprachähnliche Töne. Die Musik-Industrie boomte. Die Hersteller von Equipment und Instrumenten sahen rosigen Zeiten entgegen. Die elektrische Volksmusik hatte ihr Selbstbewußtsein gefunden. Dafür brach Amerika auseinander.

What will you do
If we let you go home
And the plastic's all melted
And so is the chrome
    ›Who Are the Brain Police?‹

»Der Vietnamkrieg erreicht 1965 einen dramatischen Höhepunkt. Im Februar beginnt die US-Luftwaffe mit systematischen Angriffen gegen Nordvietnam. Im gleichen Jahr landen die ersten geschlossenen Kampftruppen der USA in Südvietnam. Ihre Zahl steigt im Laufe der Zeit auf über eine halbe Million Mann. Panzer und Artillerie zerstampfen den Dschungel im Kampf gegen die Guerillas. Die Bodentruppen werden unterstützt von der größten Hubschrauberstreitmacht der Kriegsgeschichte – insgesamt 2500 Helikoptern – und von Flächenbombardements achtstrahliger Düsenbomber vom Typ B 52. Insgesamt fallen auf Nord- und Südvietnam in drei Jahren doppelt soviel Bomben wie auf Deutschland während des Zweiten Weltkrieges. Die Amerikaner verlieren bis Ende des Jahrzehnts 40 000 Soldaten, 6000 Flugzeuge und Hubschrauber und haben 130 000 Verwundete (Lazarettfälle) zu beklagen. Die Verluste und Ausfälle der nordvietnamesischen Truppen und ihrer Partisanen an Menschenleben sind um ein Vielfaches höher. Aber die barfüßigen Vietcong halten stand, eben weil sie barfuß sind.« (›Die wilden 60er Jahre‹). Daheim, im Redneck-Country und in den Vorstädten unterstützte Mr. America bedingungslos die Politik der Regierung und haßte die langhaarigen, bettelnden, weil arbeitsscheuen Hippies und Freaks.

1965 zog Frank Zappa nach Hollywood, spielte mit den Mothers, jobbte wieder einmal in einem Plattenladen und arbeitete an eigenen Songs wie ›Hungry Freaks‹, ›Daddy‹ oder an dem prophetischen ›Who Are the Brain Police?‹.

Die Songs spiegelten sehr wohl das Selbstverständnis des Autors und seiner Truppe wider. Nicht umsonst war ›Freaks‹ von Todd Browning immer schon einer von Zappas Lieblingsfilmen gewesen. Ein ähnliches Lebensgefühl hatten wohl auch die wenigen anderen Mitglieder des örtlichen Undergrounds, übriggebliebene Beatniks und andere Außenseiter, die ein

Mister America
Try to hide
The emptiness that's you inside
When once you find the way you lied
And all the corny tricks you tried
Will not forestall the rising tide
Of hungry freaks, daddy

›Hungry Freaks, Daddy‹

speziell »freakiges« Auftreten privat wie in der Öffentlichkeit kultivierten. Alle waren arm wie die Kirchenmäuse, die wenigen Gigs waren lausig bezahlt, und das Angebot, in einem der gerade modischen Mondo-Filme, ›Mondo Hollywood‹, zu agieren, war ein Glückstreffer.

Es wurde tatsächlich gedreht. Aber am Schneidetisch waren die Mothers dann doch zu freakig und flogen wieder raus. Nicht einmal Geld sollten sie für ihre Arbeit erhalten. Der Retter in dieser Situation war Herb Cohen. Cohen war ein umtriebiger und abenteuerlicher Charakter. Er hatte als Waffenhändler im Kongo Lumumba unterstützt. Er war der Lebensgefährte der Folksängerin Odetta gewesen und Mitbesitzer diverser Clubs. Schon 1959 war er wegen der Auftritte von Lenny Bruce in Schwierigkeiten geraten. Seit 1963 hatte er von New York aus Folksänger wie The Modern Folk Quartet oder die grandios-geniale Judy Henske gemanagt. Nun setzte er sich

10 Die Mothers of Invention, inzwischen in größerer Besetzung

so sehr für die Mothers ein, daß sie ihn gleich zu ihrem Manager ernannten. An die Westküste zurückgekommen war er im Zuge des damaligen, von Dylan ausgelösten Folkrock-Booms, der vor allem die Bay Area um San Francisco betraf, aber allmählich auch in Los Angeles spürbar wurde.

Dank Cohens energischen Managements fanden die Mothers nun auf einmal Arbeit. Sogar in Schuppen, wo sie vor Jahresfrist wegen zu kurzer Haare abgelehnt worden waren. Inzwischen waren die Haare gewachsen, die Mothers trugen auch schon mal Frauenkleider bei den Gigs. Motorhead Sherwood arbeitete jetzt als Roadie und als neuer Mitmusiker kam kurzzeitig Gitarrist Henry Vestine dazu, der aber wegen zu unsoliden Lebenswandels die Gruppe verlassen mußte und sich mit Canned Heat tröstete.

Im Whisky A Go Go, wo die Mothers den Haus-Star Johnny Rivers vertraten, spielten sie gerade Franks bluesigen Song über die Rassenunruhen in Watts, dem Stadtteil von L. A., in dem die schwarze Bevölkerung lebte, als der schwarze Produzent Tom Wilson, der für Columbia auf Talentsuche unterwegs war, sie hörte. Er hielt sie demzufolge für eine politisch engagierte Variante der vielen weißen Blues-Revival-Bands, etwa in der Art Paul Butterfields oder Mick Fleetwoods. Das brachte Frank zunächst einen Job als Arrangeur bei zwei Stücken der Animals, deren neues Album ›Animalism‹ Wilson gerade produzierte. Wilson empfahl die Mothers dringend bei MGM/Verve. Aber die ließen sich jede Menge Zeit.

Der Vertrag für ›Freak Out‹ ist auf den ersten März 1966 datiert. Die Mothers erhielten 2500 Dollar Vorschuß. Das Budget für die Aufnahmen betrug die für damalige Zeiten erstaunliche Summe von 21 000 Dollar. Ein Angestellter bei MGM hatte außerdem noch eine Super-Idee. Um ärgerliche Assoziationen wegen des Band-Namens zu vermeiden, schlug er vor, die Gruppe

> Well I seen the fires burnin'
> And the local people turnin'
> On the merchants and the shops
> Who used to sell them brooms
>   and mops...
> ›*Trouble Coming Every Day*‹

solle sich doch in Anlehnung an den guten alten griechischen Philosophen Plato The Mothers Of Invention nennen. Was auch geschah. Der neue Gitarrist hieß Elliott Ingber.

»Im ersten Drittel von 1966 konnte an den Aufnahmen für das erste Album gearbeitet werden. Dabei geschahen recht ungewöhnliche Dinge: Zu einer der letzten Sessions lud Frank über hundert Freunde ins Studio ein, die zu den Aufnahmen beitragen konnten, was immer ihnen grad Spaß machte … Bei ›Help I'm a Rock‹ wurde das Studio in eine überschäumende, aber von Frank sorgfältig choreographierte Party verwandelt … Eine Horde bunt oder fast nicht bekleideter Wilder tanzte, lärmte und sang, daß es den Tontechnikern (die ja fast nur Sporthemden und kurze Haare gewohnt waren) unheimlich wurde … Einige Cellisten der L. A. Philharmoniker hatten einen Part, und einer sagte zu seinen Kollegen mitten im Tohuwabohu der Aufnahme: ›He, wir werden wirklich spielen müssen … Dieser Beatnik hat doch tatsächlich Musik geschrieben.‹« (Urban Gwerder, ›Alla Zappa‹)

Die Aufnahmen dauerten drei Wochen. Das war für damalige Verhältnisse extrem lang. Noch schlimmer: Die Mothers Of Invention kamen nicht mit einer Platte aus dem Studio, sondern mit zweien. Und dann handelte es sich auch noch um ein Konzept-Album. Das alles roch trotz der tollen Produktion von Tom Wilson nach Verlustgeschäft. Schließlich

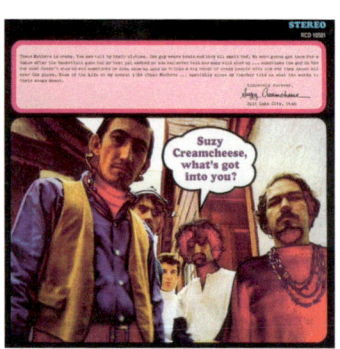

11 und 12 Das Cover von ›Freak Out‹ (oben Vorderseite, unten Rückseite)

hatte dieser oberschlaue Zappa, der die Plattenhülle mit endlosen Kreuz- und Querverweisen von Howlin' Wolf bis (logisch) Varèse vollgeschrieben haben wollte, vor, das Doppel-Album zum Preis von einem verkaufen.

›Freak Out‹ leistete zudem einen nicht hoch genug einzuschätzenden Beitrag zur subjektiven Befreiung von in den Zwängen westlicher Kulturen gefangenen Jugendlichen beiderlei Geschlechts. Natürlich waren es hierzulande vor allem Oberschüler, die die Inhalte der Texte dank mehr oder weniger guter Englischkenntnisse wenigstens teilweise enträtseln konnten. Die Musik aber verstanden die meisten, die sie je zu Gehör bekamen. Wer sie nicht erschrocken vor soviel genommener artistischer Freiheit bewunderte und liebte, war für die aufkommenden Jugendprotest-Bewegungen ohnehin verloren. Auch »taktische Liebhaber«, die sich dann doch lieber wieder zu Väterchen Degenhardt und Brüderchen Biermann hinters Bänkelsängerbierchen flüchteten, hatten langfristig keine Chance, mit solchen Heucheleien zu reüssieren.

›Freak Out‹ war solchermaßen kein Flop, aber sehr schwierig zu vermarkten. In vielen Ländern, auch in England und Deutschland, kam es nur als Einfach-Album heraus. Und wer eines der wenigen Exemplare außerhalb der großstädtischen Musikgeschäfte ergattern konnte, durfte sich als Glückspilz fühlen. Die anfänglich nur knapp über 30 000 verkauften Exemplare machten die Firma dagegen nicht gerade glücklich.

Dafür hatte Frank reichlich Gustav-Gans-Gefühle. Denn er hatte durch Vermittlung von Pamela Zarubica, der Sekretärin des Whisky A Go Go, seine künftige Frau Gail, ganz genau Adelaide Gail Sloatman, kennengelernt. Am Flughafen, aber was soll's. Es funkte zwischen den beiden, lebenslang. Gail war eine entschieden liebenswürdige Person, die aber Franks Eskapaden letztlich doch im Griff hatte. »Gail kam aus der

Das Doppelalbum ›Freak Out‹ erschien im Sommer. Ein konzipiertes Meisterwerk – noch nicht mit den heutigen technischen Aufnahmemöglichkeiten realisiert, aber einmalig in allem: So etwas hatte man in der Popmusik noch nie gehört ... Man wußte nicht so recht, wohin damit, und trotzdem erreichte es – eigentlich nur durch Mund-zu-Mund-Propaganda – eine baldige Hunderttausender-Auflage, wurde der weitverbreitetste Geheimtip und krempelte die ganze Rock-Kultur und zeitgenössische Musik einschneidend um. *Urban Gwerder ›Alla Zappa‹*

13   Frank und Gail Zappa im Jahr 1968

Küche, und ich gab mir Mühe, nicht zu glotzen. Sie fragte uns, ob wir gerne Tee hätten; oh, es war ja so zivilisiert. Die ganze Szenerie änderte schlagartig meine Meinung über Häuslichkeit: Du konntest ein Rebell sein, ein tiefsinniger Denker und ein Rock'n'Roll-Rasender und trotzdem frühstücken, zu Mittag und zu Abend essen, ein Baby haben und eine schöne Tasse Tee mit deinen Freunden trinken. Ich habe Tee nie gemocht, bis ich Gail kennenlernte; sie war die Teekannenkönigin … *Die Ehefrau* eines meiner Idole zu sein erhob sie in eine Kategorie, die mir bisher noch nicht begegnet war. Sie war genau das, wonach ich strebte, und während der nächsten Monate hatte ich einen Heidenrespekt vor ihr.« (Pamela Des Barres in ihrem Groupie- und GTOs-Erinnerungsbuch ›Light my Fire‹)

Am 3. August starb Lenny Bruce, mit dem Frank sich gerade ein wenig angefreundet hatte, an einer Überdosis. Frank nahm ungern an seinem Begräbnis teil, machte aber bei einem *Freak In* in memoriam Lenny Bruce mit. Der Vorfall dürfte ihn je-

Adelaide Gail Sloatman wurde am 1. Januar 1945 als Tochter eines Nuklearphysikers, der bei der US-Marine war, geboren. Als Teenager besuchte sie eine katholische Mädchenschule in London, anschließend arbeitete sie als Sekretärin in der Londoner Musik-Club-Szene. In derselben Funktion wirkte sie dann auch im Trip und im Whisky A Go Go in Los Angeles. Dorthin war sie nach ihrer Rückkehr in die Vereinigten Staaten von New York aus getrampt, wo sie bei den Eltern gewohnt und eine Modeschule besucht hatte. Im Juli 1966 lernte sie Frank Zappa kennen und heiratete ihn im September 1967.

doch in seiner strikten Antihaltung gegenüber jeder Art von Drogen außer Kaffee und Zigaretten bestätigt haben. In den Freak-Kreisen von Los Angeles und San Francisco stand er mit seinen Ansichten vermutlich ziemlich allein. Die immer freudig gegen ihn konspirierenden Mothers hatten sich ja sogar schon einmal überlegt, ob sie ihn nicht wegen Drogenverweigerung aus der Band verstoßen sollten! Um ein Bewußtsein zu erweitern, hätte man halt erst einmal eines haben müssen.

Frank kümmerte das alles wenig. Er beglückte abwechselnd Gail und ausgewählt zufällige Begegnungen immer weiblichen Geschlechts. Bei Gail freilich sollte das bald Folgen haben. Moon war 1967 das erste von vier gemeinsamen Kindern. Es folgten 1969 Dweezil, 1974 Ahmet Rodan und 1979 Diva. Moon hatte Glück, daß sie kein Bub wurde, denn sonst hätte sie Motorhead heißen sollen. Auch an Franks Befehl, sie Moon Unit zu nennen, mochte sich der zuständige Beamte nicht halten. Daß sie dennoch eine witzige und vergnügte Kindheit hatte, beschrieb sie im Vorwort zu ›Wild Child‹. Dort erzählt sie auch die herzwärmende Anekdote, wie sie im fortgeschrittenen Alter von zwei Jahren mit Gail einkaufen ging und im Supermarkt ein Mann versuchte, ihre Mutter anzubaggern. Sie verscheuchte ihn mit den geflügelten Worten, die sich alle Frauen von zwei aufwärts für entsprechende Situationen in mehreren Sprachen merken sollten: »*Fuck off, pervert!*«

Die Mothers traten im September 1966 unter anderem mit Blue Cheer, The West Coast Pop Art Experimental Band und The Count Five auf. Im November kamen neue Musiker: Motorhead Sherwood rückte vom Roadie zum Saxophonisten auf. Bunk Gardner bediente die Holzblasinstrumente und Don Preston alles, was Tasten hatte. Die beiden letzteren hatten massive Spielpraxis und Jazzerfahrung. Sie sollten sich auf dem nächsten Album absolut frei entfalten können.

Schon am 28. September 1967 wurde das erste der vier **Zappa-Kinder**, Moon (Unit), geboren. Moon trat auf einigen Zappa-Alben als Gast-Sängerin auf und hatte mit ›Valley Girl‹ einen Hit. Inzwischen wurde Moon als Schauspielerin für TV-Serien entdeckt. Dweezil (geboren 1969) arbeitet als Gitarrist und Schauspieler (›Running Man‹ nach Stephen King mit A. Schwarzenegger und Mick Fleetwood). Ahmet Rodan (geboren 1974) trat auf Alben seines Vaters und seines Bruders Dweezil in Erscheinung. Auftritte in diversen TV-Shows. Diva (geboren 1979) schrieb zusammen mit Frank ›Chana in De Bushwop‹ (›YCDTOSA‹ Vol. 3).

Weitere Materialien für Interessierte

a) Musik

Odetta, ›The Essential Odetta‹
(Vanguard)

Judy Henske, ›Farewell To Aldebaran‹ (mit Jerry Yester; 1969, ›REI‹
1970); ›Loose In The World‹ 1999
(erhältlich nur über: http://www.
judyhenske.com)

Lenny Bruce, ›The Berkeley Concert‹
1969

Theodore Bikel, ›A Taste Of Passover‹
1998

Strawberry Alarm Clock, ›Riot On
Sunset Strip‹ (OST)

b) Film

Gualtiero Jacopetti, ›Mondo Cane‹
1963; Mondo Pazzo 1964;

Roberto Bianchi, ›Mondo Balardo‹
1964

Bob Cresse, ›Mondo Freudo‹ 1966

Jack Hill, ›Mondo Keyhole‹ 1966

Peter Perry, ›Mondo Mod‹ 1967

Melvin Ashford, ›Mondo Magic‹ 1976

Richard Lester, ›Mondo Teeno‹ 1967

John Waters, ›Mondo Trasho‹ 1969

Russ Meyer, ›Mondo Topless‹ 1966

Harvey Keith, ›Mondo New York‹
1988

Frank Willard, ›Mondo Daytona‹ 1968

Robert Carl Cohen, ›Mondo Hollywood‹ 1967

Morra/Climati, ›Mondo Violence‹
1977

Arthur Dreifuss, ›Riot On Sunset
Strip‹ 1967

Bob Fosse, ›Lenny‹ 1974

d) Ereignisse

Aufstand der Schwarzen in Watts
(Stadtteil von Los Angeles).

Jeff Beck benutzte auf der Yardbirds-
Platte ›Heart Full Of Soul‹ ein Ver-
zerrer-Pedal, angeblich zum ersten
Mal.

e) Zitate

»Wowie zowie« Pamela Zarubica

»No commercial potential« Clive Davis (damals Vizepräsident von Columbia Records) über die Mothers

»We're on the eve of destruction«
Barry McGuire

»Flower Power« Allen Ginsberg
anläßlich der Berkeley Anti
War Ralley

»Turn On, Tune In, Drop Out«
Dr. Timothy Leary

f) Zappalog

›Die Wilden 60er Jahre. Die
Chronik eines bewegten
Jahrzehnts‹ 1970

Moon Zappa, Vorwort zu Chelsea
Cain (Hg.) ›Wild Child‹ 1999

Alison J. Filmer/André Golay,
›Harrap's Book Of Film Directors
And Their Times‹ 1989

›VideoHound's Complete Guide to
Cult Flicks and Trash Pics‹ 1996

Michael Weldon, ›The Psychotronic
Encyclopedia Of Film‹ 1983

Michael J. Weldon, ›The Psychotronic Video Guide‹ 1996

Urban Gwerder, ›Alla Zappa‹ 1976

Absolutely Freak Out Lumpy Gravy

Selbst in einer Zeit, in der fast monatlich ein Meilenstein der Pop-Musik nach dem anderen erschien, war ›Freak Out‹ etwas Besonderes, vergleichbar höchstens noch mit dem ersten Album von Velvet Underground, Amon Düüls ›Phallus Dei‹, ›Live/Dead‹ der Grateful Dead oder Dylans ›Blonde on Blonde‹. Die Musik der Mothers war Head-Music, ganz so, wie Grace Slick von Jefferson Airplane sang: »Feed your head« und damit nicht nur, aber auch halluzinogene Drogen meinte, wie das gerade bei den sogenannten Acid-Tests erprobte LSD des Dr. Hoffmann. Jimi Hendrix bekam einen purpurnen Schwurbel davon in seinem Hirn, andere sahen die heilige Johanna und Jean Luc Godard drehte ›Pierrot Le Fou‹. ›Freak Out‹ faßte so ziemlich alle Strömungen der jugendlichen Avantgarde kompetent zusammen und band sie in eine europäisch-amerikanische Außenseiter-Tradition, Surrealismus und Dadaismus inklusive, ein, auf der Frank Zappa von Anfang an in seinem auf Kontinuität und inneren Zusammenhang angelegten Werk insistierte. Absichtsvoll zitierte er auf jeder Veröffentlichung das Diktum seines Vorbilds Varèse: »The present day composer refuses to die!« Den »Skandal des Todes« (Georges Bataille) begriffen zu haben, verdanken wir schließlich der europäischen Moderne. Einfach gesagt: Zappa sprach die Gebildeten unter den Verächtern

14 Frank Zappa in den späten sechziger Jahren

> Die Mothers of Invention waren ein Sammelsurium aus alterslosen Wunderknaben, zusammengewürfelt von Frank, der mit dieser Truppe sein perverses Garn zu denkwürdiger Musik verspann. Ich war in jener Nacht im Publikum, in der Frank eine Horde ahnungsloser Spatzenhirne mit Virtuositäts-Rock bekannt machte und das ein ›Freak Out‹ nannte. Ich starrte verblüfft, als dieses behämmert aussehende, ziegenbärtige Genie seine Gruppe von Quasimodos durch all ihre brillanten Schritte dirigierte und das ganze damit krönte, daß er abgetrennte Babypuppenköpfe in die Menge glotzender Hohlköpfe schleuderte. Entweder verehrte oder verabscheute man ihn, und ich verehrte ihn über alle Maßen.
>
> *Pamela Des Barres*

der Popmusik an. Wer sich mit dem Primitivismus eines Hendrix oder dem Bruitismus der Düül und Velvets schwertat, bei Zappa konnte er sich an intelligenten Texten und einer musikalischen Formensprache orientieren, die in manchen Fällen nicht weit von Stockhausen oder Ligeti angesiedelt war. Intelligente Freaks standen sowieso von Anfang an darauf, was die Mothers oder ihre entfernten Geistesverwandten an der Ostküste, die Fugs, auf Platte und Bühne trieben. Und der durchschnittliche Poptrottel stand da und glotzte und wartete darauf, bis sich der Nebel in seinem Hirn lichtete. Manche warten heute noch.

Was die intellektuellen Interpreten und Apologeten Zappas, unter ihnen sukzessive Heerscharen von akademischen Musikologen und progressiven Musiklehrern, freilich von Anfang an ignorierten, war die gleichwertige andere Komponente in Zappas Schaffen, der Rhythm & Blues. Ihm, der auf eine seiner Visitenkarten geschrieben hatte: »F. V. Zappa. Composer – Master Blues Guitarist«, mußte es auch damit ernst sein. Gerade in Europa bemerkte man das verhältnismäßig spät und tendenziell geschmerzt erst bei ›Ruben and The Jets‹, da bei den europäischen Ausgaben von ›Freak Out‹ vor allem Songs

Amon Düül war die psychedelische Ur-Gruppe der deutschen Szene, die aber bald in zwei autonom arbeitende Einheiten zerfiel, Amon Düül I und II. Grob gesagt, waren AD I eine musizierende Kommune, während AD II kommunizierende Musiker waren. Zumindest anfangs noch, als sie mit ›Phallus Dei‹, ›Yeti‹ und ›Tanz der Lemminge‹ drei Meilensteine moderner Popmusik einspielten. Nicht selten wurden sie ob ihrer brachialen Live-Auftritte mit Velvet Underground verglichen, einer in Andy Warhols Factory gebastelten Truppe, der Lou Reed, John Cale und als teutonisches Element die Sängerin Nico angehörten.

wie ›How Could I be Such a Fool‹, ›Any Way the Wind Blows‹ und ›Go Cry on Somebody Else's Shoulder‹ weggelassen worden waren. Zudem kannte man hier auch kaum etwas vom Garagen-Punk oder von der Surf-Musik der Westküste, der erst seit dem Durchbruch der CD aus den fetischistischen Krallen der Single-Sammler befreit und wieder veröffentlicht wurde. Deshalb muß genau hier und nirgends sonst folgende Widmung stehen: *Dieses Buch ist gewidmet Wolfgang Höbel und Matthias Politicky zur Wiedergutmachung vieler schrecklicher Musikunterrichts-Stunden, in denen progressive Musiklehrer ihnen den unbefangenen Zugang zu Zappas Werken vermiesten.*

Und es muß sich der Widmung ein Aufruf anschließen: *Finger weg, ihr Interpretierer, Erklärer, Plagiatoren, Tertiär- und Quartärexegeten! Nieder mit den Zappalogen, Marxisten, Dylanologen und Donaldisten und all den anderen witzlosen Gesellen, die mit blutleerer Tintenstrahler-Magie aus künstlerisch begabten Raubkatzen Faltpapiertiger in Mythentüten herstellen! Gegeben hierorts den heutigen für immerdar.*

›Freak Out‹ war selbst ein Aufruf zu spontanen Happenings, wie sie sehr zur Verunsicherung des bürgerlichen Kulturbetriebs immer häufiger stattfanden. Natürlich wußte jeder, der da den Etablierten auf der Nase herumzutanzen versuchte, daß er das System nicht in seinen Grundfesten erschütterte. Aber es war eine Art und Weise, als Kreativer seinen Lebensunterhalt zu organisieren, die wesentlich mehr Spaß machte als das rollkragenpulloverige Getue der Existentialisten oder postvasarélysches Monochromieren auf Leinwänden. Die Aufgabe der Musiker war es, schon einmal den Soundtrack zur Revolution zu liefern, egal ob sie denn stattfinden würde oder nicht. Verfilmen würde man sie sowieso. Und daß sie im TV so selten vorkam, bedauern bereits heute die Dokumentaristen. ›Freak Out‹ ist, ungeachtet seiner zahllosen popmusika-

---

Der aus Ungarn stammende Komponist **Györgi Ligeti** (geboren 1923), gehört zu denjenigen, in deren Musiksprache das Grundelement Ton durch Klang abgelöst wird. Seine Werke sind demgemäß beeindruckende, sich allmählich verändernde Klanggebäude (›Atmosphères‹, 1961), die Melodie tritt in den Hintergrund.

Karlheinz Stockhausen (geb. 1928), der wichtige Impulse von Olivier Messiaen erhielt, ist sicher einer der namhaftesten Vertreter elektronischer Musik. Mit verschiedensten Mitteln (Besetzungen, Elektronik, klangliche Verfremdung, Improvisation) lotet er neue musikalische Möglichkeiten aus.

lischen Meriten, auch Dokument eines sich konstituierenden Außenseiter-Selbstbewußtseins, das seine Wurzeln in der europäischen Bohème und in der Vorläuferbewegung der Beatniks hatte. Die Ausdifferenzierung der individuellen und kollektiven Stile erfolgte sozial und regional nach Bedarf, aber ausgehend von einer globalen und radikalen Anti-Haltung gegenüber reaktionären Wertesystemen, egal ob kommunistisch, christlich oder merkantil geprägt.

Anders gesagt: Frank Zappa fand John Wayne ziemlich zum Kotzen. Auch als er ihm persönlich begegnete. »John Wayne tauchte in einem Smoking und mit zwei Leibwächtern, einem anderen Kerl und zwei Frauen in Abendkleidern auf – alle sturzbetrunken. Als er die Treppe erreichte, packte er mich, zog mich hoch, schlug mir auf den Rücken und brüllte: ›Ich habe dich in Ägypten gesehen, und du warst großartig, du hast mich einfach umgehauen!‹ Ich konnte den Typen auf der Stelle nicht ausstehen … Der Laden war voll. Als ich die Bühne betrat, um den letzten Set hinter uns zu bringen, sagte ich: ›Ladies und Gentlemen, wie Sie wissen, ist heute Halloween. Wir haben für heute abend einige wichtige Gäste erwartet – George Lincoln Rockwell, den Chef der Amerikanischen Nazi-Partei – unglücklicherweise konnte er nicht kommen – aber hier ist John Wayne.‹ … Am Ende der Show kam der Clubmanager zu mir und sagte: ›Sei nett zu

15   John Wayne in einer seiner typischen Rollen

dem Duke, denn wenn er in dieser Stimmung ist, schmeißt er mit Fünfzigdollarscheinen um sich.‹ Auf dem Weg nach draußen mußte ich an seinem Tisch vorbei. Als ich dort war, stand er auf und schlug mir den Hut platt. Ich nahm ihn ab und beulte ihn wieder aus. Offenbar ärgerte ihn das, denn er brüllte: ›Dir gefällt nicht, wie ich mit Hüten umgehe? Ich gehe schon seit vierzig Jahren so mit den Hüten um!‹ Ich setzte ihn wieder auf, und er schlug wieder drauf. Ich sagte: ›Ich werde Ihnen nicht einmal die Chance geben, sich bei mir zu entschuldigen!‹ – und ging hinaus.« (FZ, ›IATAD‹)

Das zweite Album der Mothers hieß ›Absolutely Free‹. Um zu verhindern, daß es klammheimlich wieder ein Doppelalbum würde, womöglich mit einem Cover aus Schmirgelpapier, bewilligte MGM/Verve nur den halben Etat von ›Freak Out‹, also 11 000 Dollar. Aus Rache ließ Frank den Titelsong weg und veröffentlichte ihn erst auf Album Nummer 3. Inhaltlich bot es wenig Neues: scharfe, bisweilen zynische Kommentare und Satiren zum *American Way of Life*. Die Musik war aufregend gespielt, der später Zappa-typische Sprechgesang hatte Premiere, Orchestrierung gab es nur bei ›Brown Shoes Don't Make it‹. Das Album schaffte es auf Nummer 41 der LP-Charts. Für viele war das damals schon viel zu weit weg vom Underground. Außerdem wurde das Album viel zu lange nach seiner Einspielung veröffentlicht und war live kaum je in der Originalbesetzung zu hören. Als etwa die Mothers am 10. September 1968 endlich ihr ›Total Music Theatre‹ im Kongreß-Saal des Deutschen Museums in München aufführten, machte sich trotz des unglaublich lustigen Improvisations-Musik-Theater-Spektakels bei einigen Fans Unlust breit, da sie keinen Ton aus ihren ersten beiden Alben spielten. Es waren dafür ausgedehnte Passagen aus ›Lumpy Gravy‹ zu hören, dem höchst skurrilen Instrumental-Werk, das heftiger Querelen hal-

The idiot bastard son
(*The father's a nazi in congress
    today …*
*the mother's a hooker somewhere
    in L. A.*)
The idiot bastard Son
                ›*The Idiot Bastard Son*‹

ber erst im Mai 1968 in einer Neuaufnahme erscheinen konnte. Nick Venet von Capitol Records hatte Zappa das Angebot gemacht, ein Orchesterstück für seine Firma zu produzieren, was Frank auch tat. Leider hatte MGM etwas dagegen, prozessierte und gewann. Frank mußte in elf Tagen eine Neufassung von ›Lumpy Gravy‹ schreiben und mit einer reduzierten Besetzung aufnehmen. Doch auch mit dieser Version konnten die Fans wenig anfangen und ließen ›Lumpy Gravy‹ nach fünf Wochen auf Platz 159 der LP-Charts eingehen.

Ende 1966 bis Anfang 1967 spielten die Mothers eine Reihe von Konzerten im Garricks in New York. Hier bauten sie ihre Bühnen-Show notorischer Schrecklichkeiten zur Perfektion aus. »Wir machten echt alles. Wir zelebrierten mehrere Hochzeiten auf der Bühne. Wir holten Leute aus dem Publikum und ließen sie Reden halten. Einmal holten wir dreißig Leute auf die Bühne, ein paar von ihnen nahmen unsere Instrumente, und die übrigen sangen ›Louie Louie‹, während wir gingen. Unsere Anlage war durch ein Kabel mit der Beleuchtungskabine im hinteren Teil des Theaters verbunden, und der Beleuchter schickte uns an diesem Kabel immer Sachen auf die Bühne runter. Zuerst zum Beispiel eine Babypuppe mit gespreizten Armen und Beinen, gefolgt von einer Salami, die der Puppe voll auf den Arsch knallte. Es war alles genau geplant, und wir spielten die passende Musik dazu … Wir hatten so eine große ausgestopfte Giraffe auf der Bühne stehen, mit einem Schlauch, der zu einer Stelle zwischen ihren Hinterbeinen hochlief. Ray Collins ging immer zu ihr rüber und massierte sie mit einer Frosch-Handpuppe … dann wurde der Schwanz der Giraffe steif, und die ersten drei Reihen im Pu-

> Who would care
> If I was gone
> Who needs me
> To care for them
> Why should I just sit and watch
> While the others smile
> I just wish that someone cared
> If I was happy for a while
> Because I'm not satisfied
> Everything I tried I don't like the way
> Life has been abusing me   ›I'm not Satisfied‹

blikum wurden mit Schlagsahne vollgespritzt … Es war der beliebteste Teil der Show. Die Leute wünschten sich das ständig. Musik ist immer ein Kommentar zur Gesellschaft, und die Scheußlichkeiten, die wir da auf der Bühne veranstalteten, waren ganz gewiß noch milde im Vergleich zu denen, die unsere Regierung in unserem Namen inszeniert. Manchmal findet man keinen Akkord, der häßlich genug klingt, um auszudrücken, was man sagen will, und so muß man halt auf eine Giraffe voller Schlagsahne zurückgreifen … Angefangen hat das mit den Scheußlichkeiten eher zufällig. Jemand hatte einem der Jungs eine große Puppe ge-  schenkt, und eines Abends holten wir ein paar Marines aus dem Publikum auf die Bühne … Wir dachten uns, wir könnten dem Publikum doch mal zeigen, was für Menschen die Marines wirklich waren. Ich warf ihnen die Puppe zu und sagte: ›Das ist ein Vietnamesenbaby – zeigt uns, wie wir mit den Reisfressern in Vietnam umgehen.‹ Sie rissen das Baby in Stücke.«

Zwei aus dem Publikum kamen bald darauf zu den Mothers: Ian Underwood und seine spätere Frau Ruth Komanoff. Ian durfte gleich einsteigen, nachdem er sich als Multi-Instrumentalist ausgewiesen hatte. Ruth kam etwas später dazu.

Im Jahr 1967 hatten die Beatles die Pop-Welt mit ihrer Version eines Konzept-Albums begeistert. Die generationenübergreifende Begeisterung für ›Sergeant Pepper's Lonely Hearts Club Band‹ verwischte kurze Zeit die massiven Konflikte, die anstanden. Indem die Beatles in ihrer Cover-Collage den Spagat zwischen Alistair Crowley und Marlene Dietrich schafften und sich in ein drogenumwabertes Nirwana absetzten, forderten sie einen realistischen Satiriker wie Franz Zappa ge-

radezu heraus. Der Gegenschlag erfolgte auch prompt und kompromißlos. Glücklicherweise nämlich war mit Cal Schenkel ein Zeichner aufgetaucht, der Zappas verbale und musikalische Geniestreiche adäquat umsetzen konnte.

›We're Only in it for the Money‹ wurde in New York aufgenommen und war ein Instant-Klassiker der Pop-Satire. Mit erfrischender Selbstironie, beißendem Witz und treffsicheren Anzüglichkeiten setzte das Album Maßstäbe für intelligente Unterhaltung. Der nebulösen Selbstbeweihräucherung der Fab Four, auf die sogar die Stones hereinfielen, setzte es die geballte Faust der Vernunft und der Obszönität der realen Verhältnisse, die genaue, teils dokumentarische Wiedergabe ihrer selbst entgegen. Dazu kam dann noch ein schwer konsumierbarer kafkaesker Brocken am Schluß. Außerdem stellten die Mothers die allerwichtigste Frage – »What's the ugliest part of your body?« –, die niemand sonst eingefallen war, und lieferten die Antwort gleich mit (s. Kasten u.).

Geplant für Herbst 1967, konnte ›We're Only in it for the Money‹ dann doch erst im März 1968 erscheinen. Zudem mußte das parodistische Cover auf die Innenseite des Klapp-Albums wandern, da die englische Vertriebsfirma EMI und die Beatles Protest einlegten. Auch MGM schnipselte heftig an den Texten, da einer der Direktoren dort sich in die falsche Wahrnehmung verrannt hatte, in einer Strophe von ›Let's Make the Water Turn Black‹ würde ein Damenbinde erwähnt. Und dann war da noch dieses unglaubliche F-Wort, auf dem das

17 Das berühmte Cover von ›Sergeant Pepper's Lonely Hearts Club Band‹ von den Beatles (1967)

What's the ugliest part of your body?
Some say your nose
Some say your toes
But I think it's *your mind*!
I think it's your mind

ganze Free-Speech-Movement basierte – nicht nur einmal, sondern so oft, daß man es in mindestens einem Fall, nämlich bei ›Flower Punk‹, übersah.

Gegen den Lektüre-Aufruf, zur Programm-Musik von ›The Chrome Plated Megaphone of Destiny‹ Franz Kafkas ›In der Strafkolonie‹ zu lesen, wagte hingegen niemand zu opponieren. Vor allem die intellektuelle Fraktion nahm den Querverweis als weiteres Zeichen für Zappas Universal-Genialität.

Alle anderen Fans sahen das auch so und verhalfen dem Album zu einem stolzen Rang 30 in den LP-Charts.

Gastinterpreten auf ›We're Only in it for the Money‹ waren Eric Clapton und Pamela Zarubica, die schon einmal ›Suzy Creamcheese‹ auf ›Freak Out‹ ihre Stimme geliehen hatte. Neu waren einige Produktions-Methoden. So wurden die Gesangsspuren verlangsamt, ein Wah-Wah-Pedal verwendet und zahlreiche Overdubs gemacht. Zappa nutzte das ganze Potential der Stereophonie, verzichtete auf Leerspuren zwischen den Titeln und schuf mit Collagen wie ›Nasal Retentive Calliope Music‹ eine Art Pop-Hörspiel, das ästhetische Maßstäbe für spätere Radioproduktionen lieferte. Junge Radiomacher entwickelten damals Vorstellungen von Radioprogrammen, deren Sound die Qualität einer gut produzierten Pop-Platte haben und die sich zum mehrfachen Abhören eignen sollte.

Zappa selbst, der begonnen hatte, sich mit langfristigen Konzepten auseinanderzusetzen, versah seine Plattenhüllen mit kryptischen Hinweisen auf innere Zusammenhänge zwischen

18 Die Antwort der Mothers
of Invention darauf: ›We're
Only in it for the Money‹

den einzelnen Alben, die von einer schnell wachsenden Schar bedingungsloser Fans, die sich den United Mutations anschlossen oder später Urban Gwerders ›Hot Raz Times‹ abonnierten, begierig aufgegriffen und nachempfunden wurden.

Schon 1967 war Zappas Bedeutung bei der Vorhut der weltweit revoltierenden Jugendlichen unumstritten. Die Alben der Mothers rotierten auf widerstrebenden Plattenspielern und lösten in gutbürgerlichen Elternhäusern Angst und Schrecken aus. Wenn sie erst die Interviews gelesen hätten, die Frank damals gab! So das berühmte für das Underground-Blatt ›East Village Other‹, das auch in der von Rolf Dieter Brinkmann und Ralf-Rainer Rygulla herausgegebenen Anthologie ›ACID‹ abgedruckt wurde (s. Kasten).

Die Mothers konzertierten im September mit den Doors und Tim Buckley. Im November hatte Frank eine kleine Rolle in dem Monkees-Streifen ›Head‹. Er spielte einen Kritiker, der eine Kuh am Strick durch die Gegend zog. Bald danach kündigte er einen eigenen Film an, der ›Uncle Meat‹ heißen sollte. Zuvor traten die Mothers noch mit den Fugs, Allen Ginsberg und dem blinden Straßensänger Moondog auf, der sonst im Wikinger-Gewand an den Straßenecken von New York seine

Ich glaube, die Jugend ist augenblicklich in einer sehr zwiespältigen Situation. Sie kontrolliert tatsächlich das Land. Vom ökonomischen Gesichtspunkt aus. Aber sie ist auch die Zielscheibe für den Haß der ganzen Welt auf dieses Land, weil die, die das Land bisher regiert haben, immer so habsüchtig gewesen sind. Überlegen Sie mal, Ihre eigene Mutter und Ihr Vater, Mann. Und damit es überhaupt eine Revolution geben kann, müssen Sie sich gewissermaßen von ihren Eltern lossagen. Sie müssen sich mal drüber klar werden, was Mami und Papi wirklich sind, und das wird für viele hart sein. Es ist eine Sache, meine ich, wenn man sagt: »Ich hasse meine Mutter, ich hasse meinen Vater, dieses verdammte Arschloch will mir die Wagenschlüssel nicht geben.« Aber es ist eine andere Sache, ihn anzuschauen und zu sehen, daß er ein Feigling ist. Und der ist noch Alkoholiker, und wenn er das nicht ist, dann schluckt er irgendwelche Pillen, und er ist ein Lügner, genau wie deine Mutter. Und sie sind alle einfach *verfault*, Mann, und sie haben einen miesen Geschmack ... Sie suchen sich die scheußlichsten Gardinen und Möbel der ganzen Welt aus. Sie wissen schon. Sie sind beschissen. Versuchen Sie mal, eine Nation von Teenagern dahin zu bringen, daß sie Mammi und Papi wirklich so sehen. Das ist schon eine ziemliche Arbeit, aber man kann es schaffen. Nun ist die Frage, was sollen sie tun, wenn sie Pappi und Mami einmal in der richtigen Perspektive gesehen haben? Sie sollen die alten Vorstellungen durch die Wahrheit ersetzen. Man soll ihnen ja keinen Mami-und

19 Frank Zappa auf akustischer Erkundungstour in London Ende der sechziger Jahre

selbstkomponierten Madrigale vortrug. Ed Sanders von den Fugs fragte Zappa, ob sie im August in Chicago beim Konvent der Demokratischen Partei spielen wollten. Zappa, jeglicher politischen Parteinahme abhold, lehnte ab.

Im März 1968 machte MGM einen juristischen Fehler. Die Vertragsoption mit den Mothers of Invention wurde nicht erneuert. Daraufhin trotzte Zappa der Firma ein eigenes Unterlabel ab, auf dem er volle musikalische und künstlerische Freiheit hatte – Bizarre Records.

Papi-Ersatz oder irgend so eine Scheiße geben. Selbstvertrauen sollten sie bekommen. Sie müssen den Sprung schon selbst machen. Sie sollten alle kollektiv Abbitte leisten für die Sünden ihrer Eltern. »*Ganz rein will ich sein, weil meine Eltern so verfault sind.*« Das sollten sie wirklich tun. Sie sollten wirklich ausbrechen und wirkliche Menschen sein. Was für eine Utopie!

EVO: Glauben Sie, daß irgendeine Art Psychotherapie dabei helfen könnte, ein wirklicher Mensch zu werden?

FZ: Ja, natürlich, die *Mothers*.

EVO: Was halten Sie von Psychiatern?

FZ: Diese vergammelten Mutterficker! Diese Arschlöcher! Diese Idioten! Diese Feiglinge! Mann, das sind doch Mami und Papi, sie stecken nur in einer anderen Uniform! Diese armen Schweine, die sich selbst hinters Licht führen. (Nachäffend:) »Ich besuche einen Analytiker. Ich habe diesen tollen Analytiker gefunden, er kostet nicht viel, und er kann einem wirklich helfen. Er erklärt mir genau, warum es bei mir nicht *kommt*.« Inzwischen ist dieser Psychiater selbst so pervers, daß er es nicht aushalten kann. Haben Sie jemals versucht, Stunden über Stunden jedermanns Probleme über sich ergehen zu lassen? Mann, genausogut kann man auch in der TBC-Abteilung eines Krankenhauses ohne Gesichtsschutz arbeiten. Diese Typen müssen doch die kränksten Menschen auf der Welt sein.

Weitere Materialien für Interessierte

a) Musik
The Hamilton Face Band mit Ruth Underwood

Donovan, Mellow Yellow
The Troggs, Wild Thing

Tim Buckley
The Doors
The Cream
Simon & Garfunkel

Moondog
The Fugs
Allen Ginsberg

b) Film
›The 60ies‹, TV Mini-Series DVD 1999
›Head‹ DVD 1999
›Conrad Rooks‹, Chappaqua DVD 1999
John Wayne, Das Gesamtwerk ständig auf allen Kanälen.

c) Literatur
Franz Kafka, ›In der Strafkolonie‹
›Hot Raz Times‹, Fanzine (vergriffen)

d) Zitate
»I can't get no satisfaction« Mick Jagger
»I'm not satisfied« Frank Zappa
»The revolution will not be televised« Last Poets
»The audience is basically conservative, they want to hear the same
  songs again and again« Frank Zappa 1971 zu Carl-Ludwig Reichert
»Whip it up« Frank Zappa zu Ian Underwood
»I'm the Indian of the group« Jimmy Carl Black
»God,God! I see God!« Eric Clapton

e) Ereignisse
6.11.1965 Edgar Varèse †

Trout Mask Replica Girls
Together Outrageously

Auf seinen beiden neuen Labels Bizarre und Straight produzierte Zappa ein Meisterwerk unglaublich seltsamer Musik nach dem anderen. Heute unauffindbare Raritäten wie Judy Henskes und Jerry Yesters ›Farewell Aldebaran‹ oder die eruptiven Straßengesänge Wild Man Fischers waren ebenso darunter wie Aufnahmen der beiden *stand up comedians* Lenny Bruce und Lord Buckley. Dazu kamen noch Captain Beefhearts Opus Magnum ›Trout Mask Replica‹ und ›Permanent Damage‹ von Girls Together Outrageously (GTO's), ein witziges Dokument der authentischen Groupie-Szene.

»Eines strahlenden Nachmittags waren wir gerade dabei, mit Gail in der blitzsauberen, von Miss Christine gescheuerten Küche Tee zu süffeln und uns über unsere amourösen Heldentaten zu unterhalten, als Frank hereinkam und sagte, daß er ein ernstes Gespräch mit mir zu führen wünschte. Er hätte viel nachgedacht und wäre überzeugt, daß die GTO's echte Rock-and-Roll-Fähigkei-

20   Gail und Frank Zappa

> Die GTO's waren die ersten organisierten Groupies, und GTO hatte viele
> Bedeutungen: Girls Together Outrageously, Girls Together Only, Girls
> Together Occasionally und Girls Together Often. Diese fünf oder sechs,
> Miss Christine, Miss Pamela, Miss Mercy und Miss Lucy hatten eine
> Rockband gegründet, aber sie waren eher ein Mixed-Media-Ereignis als
> Musikerinnen. Die Leute flippten einfach aus bei ihnen. Sie waren ein
> Trip, den man mitmachen mußte … Die GTO's waren eng verbunden mit
> Frank Zappa. 1969 war Frank immer noch ein Teenagerheld, zumindest
> war er meiner und Zappa war im Grunde so etwas wie der Ernährer der
> GTO's. Es gab kein närrischeres Gefolge.
>
> *Alice Cooper in ›Ich, Alice‹*

ten, tolle, originelle Ideen und vielleicht sogar irgendein ver-
borgenes Talent hätten, das man erschließen könnte, und daß
wir daraus Kapital schlagen könnten. Wie wäre es, wenn wir
ein Dutzend Songs schrieben, während er und die Mothers
auf Tournee wären, und wenn er zurückkäme, könnten wir
sie *vielleicht* für Franks neue Plattenfirma, Bizarre Records,
aufnehmen!! *Vielleicht* könnten wir die allererste rein weibliche
Rock-and-Roll-Gruppe werden und alle Songs selbst schreiben,
unsere eigenen Groupies haben und weltberühmt werden!!
Uns verschlug es die Sprache darob, und ein paar Minuten
saßen wir schweigend da und starrten einander an, bis Lucy
aufsprang und Frank umarmte, und dann quietschten und

schrien wir alle und hüpften
grenzenlos begeistert mit Gail
auf und ab. Als Miss Christine ihre dürren weißen Arme
um mich schlang, wußte ich,
daß dies ein ganz besonde-
rer Augenblick war.« (Pamela
des Barres ›Baby, Light My
Fire‹)

21 Alice Cooper

Eine der GTO's, Miss Christine, die bei den Zappas als Kindermädchen für Moon beschäftigt war, hatte einen Freund, der auf abgedrehten Hard Rock stand. Sein Name war Alice Cooper und auch er durfte seine ersten Alben auf Straight veröffentlichen.

Das kleine Wunder geschah. Die GTO's nahmen mit Hilfe von Frank und ein paar zufällig in der Stadt befindlichen Freunden ihr erstes und einziges Album auf. Einfach so.

»Wir waren alle in dem schwach erleuchteten kleinen Studio und summten mit Mercy mit, die unerschütterlich falsch ›Shock Therapy‹ schmetterte, als die gesamte Jeff Beck Group hereinschlenderte... Ich freute mich sehr, daß Jeff Rod Stewart mitbrachte, mit dem wir uns alle sofort prächtig verstanden... Frank setzte Jeff und Nicky [Hopkins] gleich an die Arbeit und sie gaben unseren dürftigen Bemühungen kräftig Zunder. Wir saßen da und sahen fasziniert und ganz weggetreten zu. Rod the Mod hockte derweil einsam herum... und verließ schließlich das Gebäude... Wir überhäuften ihn mit Oohs und Aahs und schleppten ihn zum Studio zurück, wo er mit seiner rauhen Sandpapierstimme ›Shock Therapy‹ aufwertete... Ich traute meinen Augen und Ohren nicht. Frank

22 Die Jeff Beck Group um 1966 (v. l.): Ron Wood, Jeff Beck, Micky Waller und Rod Stewart

mit seinem Taktstock strahlte übers ganze Gesicht, die Mädchen jaulten, so gut sie konnten, Rod hatte die Augen geschlossen und schwitzte und heulte, Nicky und Jeff rockten wie von Sinnen zu der Musik, und ich war mitten in meiner eigenen Plattenaufnahme!« (Pamela Des Barres, ›Baby Light My Fire‹)

Jeff Simmons, der Bassist der Mothers, war mit dem Soundtrack zum Biker-Film ›Naked Angels‹ und mit seinem eigenen Werk ›Lucille Has Messed My Mind Up‹ vertreten. Ein unter kommerziellen Gesichtspunkten absolut wahnsinniger, pop-, sozial- und kulturgeschichtlich aber unendlich wertvoller Katalog, der derzeit leider nur teilweise verfügbar ist.

1968 brach die Revolte der Jugend, nicht nur der Studenten, weltweit heftig aus. Und wenn man nicht revoltierte, agitierte, demonstrierte oder die sexuelle Revolution entfachte, hörte man Musik. Allein oder mit anderen. Bekifft oder nüchtern. Nackt oder angezogen. Mono oder stereo. Hauptsache laut. Manche Leute kauften oder klauten überhaupt nur Platten mit Hinweisen wie: *Play this record at maximum volume* oder einfach *Play it loud!* Manchmal kam auch eine der Bands mit Underground-Reputation nach Deutschland. Dann entstand heftiger Tramp-Verkehr auf den Autobahnen. Zappa spielte häufig und gern in München, zum ersten Mal am 10. Oktober 1968. Zuvor waren die Mothers (mit den Fugs und Amon Düül) bei den Essener Songtagen in der Grugahalle aufgetreten und hatten die hiesige Folknik- und Polit-Barden-Szene mächtig beeindruckt.

Das Münchner Konzert fand im Kongreß-Saal des Deutschen Museums statt, der damals ein beliebter Veranstaltungs-Ort für Klassik-Konzerte war. Die Mothers hatten am Nachmittag vor dem Auftritt den weltgrößten Saufkonvent, Oktoberfest genannt, besucht und waren allem Augenschein

1968, das Jahr der weltweiten Jugend-Revolte. Nixon kandidiert für das Präsidentenamt der USA. Der Vietcong stößt im Rahmen der Tet-Offensive bis zur amerikanischen Botschaft in Saigon vor. Martin Luther King und Bobby Kennedy werden ermordet. In Chicago stehen beim Kongreß der Demokraten 20 000 Demonstranten 23 500 Polizisten, Nationalgardisten und Armee-Soldaten gegenüber. Jeder achte Amerikaner erhält Zahlungen aus der Sozialhilfe. Die drei Apollo 8-Astronauten umkreisen zehnmal den Mond. In Vietnam sind mehr US-Soldaten gestorben als in Korea. Lieutenant Calley massakriert in My Lai.

23 Das legendäre Konzert in Berlin, bei dem Studenten die Bühne stürmen. Rechts neben Frank Zappa der Konzertveranstalter Fritz Rau

nach heftig mit der einheimischen Original-Kultur konfrontiert worden. Vom Drang beflügelt, dieses alles andere als einmalige Erlebnis künstlerisch umzusetzen, hatten sie den Fundus einer Wagner-Oper geplündert und erschienen mit ochsengehörnten Helmen im urgermanischen Fellkleid vor dem baffen Publikum. Als Kommunikationsmittel benutzten sie ein zähes Kauderwelsch aus Westküstenamerikanisch mit bairisch-norddeutschen Brocken, die sie phonetisch nicht sehr korrekt wiedergaben. Es war, wie man hier sagt, eine Mords-Gaudi. Dem Intro folgte eine perfekte Version von ›Lumpy Gravy‹, Teil eins. Dann »entdeckte« einer, es wird wohl Don Preston gewesen sein, die Saalorgel, erklomm sie im Freistil über eine mäßig hohe Balustrade und zweckentfremdete das

1968: Ein Schlag ins Gesicht der Menschen-Bewegung. Papst Paul VI (Pillen-Paul) verbietet die Pille. Deutsche Studenten versuchen, die Unis zu entmüffeln. Ein aussichtsloses Unterfangen, wie die Zukunft zeigen wird. Ein verhetzter Dummkopf namens Bachmann schießt Rudi Dutschke nieder. Die anschließenden Oster-Unruhen dauern länger als drei Tage. Am 3. Mai brechen heftige Studenten-Unruhen in Paris aus. Am 30. Mai beschließt der aufgeregte Bundestag die Notstands-Gesetze. Am 21. August marschieren die Russen in der sich demokratisch organisierenden Tschechoslowakei ein.

edle Instrument nach Art der Mütter zur klammheimlichen
Freude aller, die höchst vorsorglich schon vor dem Konzert
sich mit welch legalen oder illegalen Stimulanzien auch immer in eine wohlwollend rezeptive Verfassung gebracht hatten. In den Zappa-Chroniken firmiert dieses außergewöhnli-
che und einmalige Ereignis unter der Bezeichnung ›Total
Music Theatre‹.

Von München aus ging es nach Paris, Berlin, Amsterdam
und Wien. Das Konzert in Berlin lief ebenfalls voll aus dem
Ruder, aber in eine ganz andere Richtung. Einige studenti-
sche Funktionärs-Typen im Publikum wollten Frank zum Ansager für eine Demo umfunktionieren. Frank widersetzte sich
dieser Funktionalisierung seiner Musik. Es wurde tumultua-
risch und ein besonders witziger Kopf prägte den Ausdruck
»Mothers of Reaction«. Der Vorgang wäre kaum erwähnens-
wert, drückte sich in ihm nicht exemplarisch die grundsätz-
lich borniert Haltung von Möchtegern-Politikern zur Musik
aus, die von diesem Typus immer nur als Vehikel zur Mas-
senmobilisierung begriffen wurde (und immer noch wird) anstatt als eigenständiges Mittel unterhaltsamer Aufklärung.

Ein Auftritt in der Londoner Royal Festival Hall am 25. Oktober beendete den europäischen Teil der extrem erfolgreichen
Tour, die am 27. September in Bremen begonnen hatte. Bei diesem letzten Konzert wurden die Mothers of Invention durch
einige Musiker des BBC-Orchesters unterstützt. Die Mothers
agierten immer häufiger als Amateur-Darsteller. Ein Teil ihrer
Künste, insbesondere der bemerkenswerte Auftritt von Roy
Estrada als »*the fake mexican Pope*« ist in Zappas Film ›Uncle
Meat‹ dokumentiert. Roy selbst aß Unmengen bunter Schoko-
linsen aus einem Kübelchen und warf sie dem, soweit katholisch, dankbaren weiblichen Teil des Publikums hin, da der
von den Freaks wegen seiner Obsession mit Sex ohnehin Pil-

len-Paul genannte amtierende Papst gerade den Gebrauch der Antibaby-Pille verboten hatte. Zappa kommentierte auch den Anfang von Cowboy-Darsteller Ronald Reagans politischer Karriere in dem Song ›Agency Man‹, ein, wie sich herausstellen sollte, durchaus prophetisches Lied.

In dieser Zeit wechselten auch die Besetzungen der Gruppe häufig. Eine Zeit lang spielte Lowell George mit, der dann aber zusammen mit Roy Estrada Little Feat gründete, zum Wohlgefallen der Freunde des Southern Rock.

Auch Zappa entschloß sich, einen Schritt in Richtung konservativer Musik zu machen. Er verwirklichte sein Retro-Doo-Wop-Projekt ›Ruben And The Jets‹. Auch im nachhinein war Anfang 1969 wohl nicht der ideale Zeitpunkt für eine solche Veröffentlichung. Der größte Teil der Fans von Zappas Musik, wiewohl immer bereit, sich überraschen zu lassen, war in diesen Tagen nach vorne orientiert, gesellschaftlich wie musikalisch. ›Ruben‹ lag nicht nur außerhalb des Trends, es war auch nicht in der Lage, einen noch so klitzekleinen zu schaffen. Die immanenten Qualitäten des Albums samt subtiler Anspielungen wie »*The present day pachuco refuses to die!*« wurden selbst in den USA kaum erkannt. Erst heute hat es einen sicheren Platz im Großen Konzept.

TRAUE KEINEM ÜBER DREISSIG. Also sprach Jack Weinberg, und zweitausend Leute bei einer Kundgebung des Free Speech Movements in Berkeley sprangen auf die Füße. Der Generationenkonflikt war geboren.

Es dauerte nicht lange, da wurde der stolze, radikale Slogan »Traue keinem über Dreißig« von den Konservativen vereinnahmt. »Wartet, bis ihr dreißig seid«, sagten die Leute, die über dreißig waren, »dann werdet ihr genauso sein wie wir.« Sie betrachteten die Bewegung als Ausdruck einer jugendlichen Entwicklungsphase, die jeder auf seinem Weg ins Establishment durchmachte.

Einige von uns wurden inzwischen dreißig. Aber nicht erwachsen. Wir sagen: »Traue keinem über Vierzig!« Wir sind permanente Jugendliche. Wir lehnen Karrieren und bürgerliche Ruderboote ab. Unsere Kultur, die Hippie-Langhaar-Kultur, ist ohne Alter. Vierzig-, Dreißig-, Zwanzig- und Zehnjährige leben zusammen an den gleichen Straßenecken. Alter – was ist Alter; –, wir haben nicht einmal eine Uhr. Niemand fragt jemals einen Bruder Langhaar, wie alt er ist. Das ist eine konterrevolutionäre Frage. Lange Haare und Bärte lassen alle gleich alt aussehen. Mit fünfunddreißig werden wir den Ehrgeiz haben, zu handeln, als wären wir fünfzehn. Wir kennen uns nur mit Vornamen. Wir leben jetzt.

Helmut Salzinger, ›Rockpower‹ (1975), S. 153

Vielleicht spiegelte ›Ruben‹ auch die höchst private Illusion Franks wider, sich zur Ruhe zu setzen und der vergangenen Jugend nachhängen zu können. Er ging immerhin bereits entschieden auf die kritischen Dreißig zu, die allgemein als das Ende eines lebenswerten Freak-Lebens angesehen wurden. Für diese Hypothese spricht nicht zuletzt der Hauskauf, der ein Seßhaftwerden im familiären Umfeld implizierte.

Typischerweise war die nächste Mothers-Platte nur ein Sampler. ›Mothermania‹ hielt absolut nicht, was der Titel versprach. Die Enttäuschung der Fans, die nach neuem Hörstoff gierten, wurde erst einen Monat später mit dem Doppel-Album ›Uncle Meat‹, dann aber reichlich kompensiert. Die beglückten Fans hoben das Werk auf einen vortrefflichen Platz 43 der LP-Hitparade.

Ursprünglich hatte das Album ›No Commercial Potential‹ heißen und noch eine Platte mehr enthalten sollen. Ruth Komanoff, später Underwood, hatte ihren ersten Auftritt. Einiges Material wurde auch mit dem Schlagzeuger Bill Mundi eingespielt. ›Uncle Meat‹ – benannt nach dem unendlichen Film-Projekt – enthielt einige Reminiszenzen an ›Ruben And The Jets‹, insbesondere das fast gospelige ›Electric Aunt Jemima‹, einige Dokumente, wie die zu ›Louie Louie‹ mißbrauchte Orgel der Royal Albert Hall, vor allem aber neutönerisch anspruchsvolles Material wie die ›King Kong Suite‹, die eine ganze Plattenseite einnahm oder ›We Can Shoot You‹, eine weitere Hommage an Varèse. Allgemein bedauert wurde das letztmalige Erscheinen von Suzy Creamcheese, die sich wie auch ihre Darstellerin Pamela Zarubica frustriert und überfordert aus dem Leben der Mothers verabschiedete. Einige deftige *inside-jokes* wie ›Sleeping In A Jar‹, das sich auf den konservierten Darminhalt eines Groupies bezog, blieben den meisten Hörern und auch potentiellen Radio-Zensoren hierzulande

24 ›Uncle Meat‹. Das Plattencover

verborgen, allerdings nicht der englischen Vertriebsfirma Pye Records, die sich weigerte, sowohl ›Uncle Meat‹ als auch das Lenny Bruce-Album in England zu veröffentlichen. Dadurch verzögerte sich die Veröffentlichung dort bis in den Herbst.

Im Sommer arbeitete Frank vor allem an ›Permanent Damage‹ von den GTO's. Im Juni erschien zudem Captain Beefhearts ›Trout Mask Replica‹, auf dem Zappa als Produzent und *spiritus rector* fungiert hatte. Ihm schien das nicht zuviel zu sein, die Mothers hingegen kamen kräftemäßig und intellektuell allmählich nicht mehr mit. Vierzig Auftritte von Januar bis Juli gaben ihnen den Rest. Zappa hatte nichts verdient. Er hatte jedem Musiker zweihundertfünfzig Dollar pro Woche bezahlt, das ganze finanzielle Risiko selbst getragen und stand nun mit zehntausend Dollar in der Kreide.

Die Auflösung der Mothers wurde offiziell erst im Herbst bekanntgegeben. Gemeinerweise veröffentlichte Verve sofort einen ›Worst of‹-Sampler der Mothers. Zappa war machtlos. Musikalisch reagierte er freilich absolut adäquat. Stimuliert durch mehrere Auftritte mit dem Jazz-Original Rahsaan Roland Kirk, der mehrere Blasinstrumente gleichzeitig spielen konnte, eines davon durch sein Nasenloch, trat er in seine Jazz-Rock-Phase ein. Das zumindest die Engländer und Europäer überzeugende Ergebnis war ›Hot Rats‹. Captain Beefheart imponierte als Willie The Pimp, dessen

25 Captain Beefheart alias Don van Vliet zu Beginn der 80er Jahre

wahre Geschichte erst viel später auf der zweiten Mystery Disc enthüllt wurde. Der Geiger Jean Luc Ponty hatte einen absurden halbminütigen Auftritt, der aber zu einer weiteren Kooperation führte, dem 1970 veröffentlichten Album ›King Kong‹, das fast ausschließlich Zappa-Kompositionen brachte, die wiederum hauptsächlich von Zappa-Musikern gespielt wurden. Das von Frank ursprünglich avisierte Orchester aus nicht weniger als vierundneunzig Musikern erwies sich als nicht realisierbar.

Im Februar erschien ›Burnt Weenie Sandwich‹, die erste von zwei Vermächtnis-Editionen der alten Mothers. Es gab auch einen zwanzigminütigen Film gleichen Titels, der in Deutschland gedreht worden war. Im April und Mai tourte eine neue Mothers-Formation durch die USA. Wichtig war vor allem der Neuling Aynsley Dunbar am Schlagzeug. Dunbar hatte zuletzt eine eigene, hochinteressante aber erfolglose Blues-Band gehabt, die Aynsley Dunbar Retaliation und hatte bei Jeff Beck und John Mayall gelernt. Im Mai kam es zu einer einmaligen Aufführung von ›200 Motels‹ unter der Stabführung von Zubin Mehta. Im begeisterten Publikum saßen Howard Kaylan und Mark Volman von den Turtles, die sich gerade ebenfalls aufgelöst hatten. Sie boten Frank ihre Kehlendienste an, mußten aber aus rechtlichen Gründen den Namen The Fluorescent Leech And Eddie annehmen, der später zu Flo And Eddie verkürzt wurde.

Im August 1970 erschien das zweite Vermächtnis, ›Weasels Ripped My Flesh‹. Herausragende Stücke waren eine Alternativ-Version von ›My Guitar Wants To Kill Your Mama‹, das Little Richard-Cover ›Directly From My Hearts To You‹ und ›Toads Of The Red Forest‹, das einen Teil enthielt, in

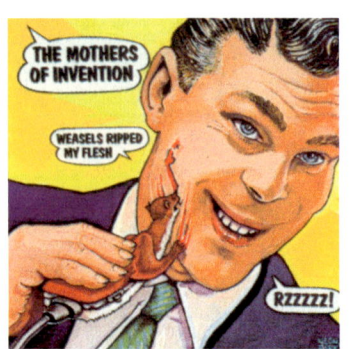

26 Plattencover von ›Weasels ripped my Flesh‹

dem fast jedes Instrument einen anderen Rhythmus spielte. Gefolgt wurde es bereits im November von ›Chunga's Revenge‹, das als Zappa-Solo-Album herauskam, aber natürlich die üblichen Verdächtigen brachte, dazu Flo And Eddie, die den Gesangsteilen neuen Drive und Glanz verliehen. Das Titelstück hieß ›Transsylvania Boogie‹ – eine leicht zynische Anspielung auf den Vorwurf des Ideen-Vampirismus, der Frank aus dem Kreis der Ur-Mothers immer wieder traf und den er in seinem Road-Movie ›200 Motels‹ selbst zu thematisieren unternahm. ›Road Ladies‹, ein deftig-erotischer Blues, wirkte frisch und lustvoll eingespielt, während ›Sharleena‹ – wieder einmal – wie ein Outtake aus ›Ruben And The Jets‹ daherkam, vielleicht auch, weil die fast zwölfminütige Langfassung bis 1996 im Archiv verschwand.

Die Fans, vor allem diejenigen in Übersee, mußten sich im Vor-Informations-Zeitalter auf vieles mangels korrekter Auskünfte etwa der Plattenfirmen selbst einen Reim machen. Helmut Salzinger alias Jonas Überohr, der Kolumnist von Sounds, tat das stellvertretend für viele.

»Rechtzeitig zu Zappas Europa-Tournee mit seiner neuen Gruppe ist jetzt ein Album mit dem Titel ›Chunga's Revenge‹ herausgekommen, das bereits mit ihr zusammen eingespielt wurde. Mit dieser Platte müßten die Einwände, Zappas Musik habe keinen Swing und keinen Beat, eigentlich hinfällig werden. Hier hat sie nämlich beides, und damit, so scheint es, bezeichnet sie den Beginn einer neuen Phase in Zappas musikalischem Schaffen, soweit es auf Schallplatten dokumentiert ist. Demgegenüber markiert die einige Wochen vorher erschienene Platte ›Weasels Ripped My Flesh‹ einen Schlußpunkt: Sie enthält, wie es auf dem Cover heißt, Material, das die verschiedenen Aspekte von Zappas Werk aus den Jahren 1967 bis 1969 repräsentiert. Und mit dieser Platte wird deut-

Helmut Salzinger war einer der ersten Pop-Journalisten in Deutschland. Der promovierte Literaturwissenschaftler, der mit ›Swinging Benjamin‹ und ›Rock-Power‹ zwei Kultbücher schrieb, eckte bald bei der drögen Tante ›ZEIT‹ an und erhielt bei der Musik-Zeitschrift ›Sounds‹ eine feste Kolumne. Hier veröffentlichte er unter dem Pseudonym Jonas Überohr bissige und hellsichtige Kommentare zur Lage der jugendlichen Subkulturen. Konsequent entfernte er sich aus dem Betrieb, zog aufs Land, arbeitete bei Release mit und gründete die Head Farm Odisheim, die er mit seiner Lebensgefährtin Mo bewohnte.

lich, daß die scheinbar so disparate Folge der vrschiedenen Zappa-Platten in der Tat den Begriff des ›Werks‹ erfüllt.

All die unterschiedlichen Elemente, die Zappa auf diesen Platten ausbaut und entwickelt, sind nämlich bereits auf den ersten Platten enthalten, wenn auch zum Teil nur rudimentär. Durchgehende Rock-Nummern beispielsweise hat es bisher bei Zappa nicht gegeben.[?, CLR] Wenn er sich mit einem solchen vergleichsweise simplen Rhythmus zufriedengab, dann tat er das in der Regel nur deswegen, um die eingefahrenen Hörgewohnheiten der Pop-Konsumenten enttäuschen zu können. So etwa auf ›Weasels Ripped My Flesh‹ mit ›The Orange County Lumber Truck‹, einem Stück, das in eins der swingendsten Gitarrensoli der Popmusik überhaupt mündet. Dies Solo wird jedoch nicht im Zusammenspiel der Gruppe aufgefangen, sondern bricht unvermittelt mittendrin ab. Und der fast schmerzhaft empfundenen Störung der Hörerwartung antwortet ebenso unvermittelt das Gelächter der Gruppe. Auf ›Chunga's Revenge‹ werden derartige Soli voll ausgespielt, zum Beispiel im Titelsong, dessen extrem lange Gitarren- und Saxophonimprovisationen an manche Stücke des ›Hot Rats‹-Albums erinnern. Schon dort hatte Zappa auf die Mitwirkung der Mothers Of Invention verzichtet und mit anderen Musikern gespielt, die zum Teil auch auf dieser Platte wieder auftauchen. In ›Son of Mr. Green Genes‹ auf ›Hot Rats‹ gibt es einige Rock-Riffs, deren Drive den Vergleich mit dem der Rolling Stones aushält, nur daß sie nicht wie bei den Stones ausgespielt worden sind. Die Art aber, wie Zappa auf dieser Platte die langen Solo-Improvisationen in seine Arrangements eingebaut hat, war im Grunde nicht neu. Er entfaltet hier vielmehr ein Prinzip, das er zum ersten Mal auf dem beinahe schon vergessenen ›Absolutely Free‹-Album [!, CLR] im Mittelteil des ›Vegetable‹-Stücks angewandt hatte. Insofern

> Wenn ich an einem Song arbeite, dauert es Wochen, bis er fertig ist … Die ganze Musik, die ich geschrieben habe, durchläuft, was meine eigene Beurteilung angeht, eine bestimmte Entwicklung, besonders, wenn es etwas ist, das ich aufnehmen will – an diesen Sachen arbeitet man soviel, daß man sie zum Schluß nicht mehr hören kann … Wenn man sie die ersten Male richtig gespielt hat – das ist der Höhepunkt. Danach gefallen sie mir nicht mehr, bis sie ein paar Jahre alt sind und dann höre mir die Platte an und stelle fest: ›Hey, das ist ja echt geil.‹   *Frank Zappa*

muß ›Chunga's Revenge‹ als Entfaltung eines viele Jahre zurück liegenden musikalischen Ansatzes betrachtet werden. Andere Elemente, wie etwa die Differenzierung der Rhythmik, die Verwendung der menschlichen Stimme in allen erdenklichen Lagen und Modulationen außer den normalen Klangverzerrungen, die eine Gitarre wie ein Saxophon klingen lassen und umgekehrt, musikalische Parodie, Geräuschcollagen, Ausnutzung der Stereotechnik, musikalische Großformen, die Zappa inzwischen ausgewertet hat, lassen sich ebenfalls auf den ersten Platten nachweisen. Die Vielzahl der Bezüge und Querverbindungen ist jedenfalls verwirrend.« (Helmut Salzinger, ›Rock Power‹ S. 225/226)

Dieses lange Zitat von Helmut Salzinger gehört sicher zum Besten, was in der Zeit im deutschen Sprachraum über Zappas Musik geschrieben werden konnte. Da ist es nicht so wichtig, daß ein oder zwei Prämissen auch damals schon nicht ganz stimmten. Typischerweise hatte ja auch Salzinger »durchgespielte Rockstücke« wie die ›DooWops‹ oder ›Trouble Coming Every Day‹ auf ›Freak Out‹ nicht als solche erkannt oder verorten wollen. Und ob ›Absolutely Free‹ Anfang der Siebzigerjahre schon zu den vergessenen Platten gehörte, scheint doch fraglich. Denn die (fast) permanente Verfügbarkeit von allem, die den heutigen Markt prägt, war damals ganz gewiß nicht gegeben und gelungene Produkte hatten einen hohen und langen Gebrauchswert. Dennoch: die meisten seiner Beobachtungen erweisen sich auch nach fast dreißig Jahren als genau und nachvollziehbar. Und immerhin hat er die konzeptionelle Kontinuität in offensichtlicher Unkenntnis des zappaschen Konzepts selbst erkannt.

»Hat man erst einmal begriffen, mit welcher Konsequenz Frank Zappa seine weitreichenden musikalischen Vorstellungen auf seinen Platten zunächst nur vorgestellt und später

Früher habe ich mich in meinen Liedern ganz konkret zu offensichtlichen gesellschaftlichen Phänomenen geäußert und damit konnten sich viele Leute identifizieren, weil sie die miterlebt hatten. Aber was meine eigenen Erfahrungen anging, war das weniger konkret... Inzwischen sind mir selbst so seltsame Dinge passiert, daß ich lieber ein paar von denen verarbeite. Deswegen habe ich solche Songs wie ›Penguin In Bondage‹ und ›Montana‹. Ich schreibe über Dinge, die einen Teil meiner persönlichen Erfahrung ausmachen. *Frank Zappa*

ausgearbeitet hat, dann dürfte es dem Hörer leichter fallen, zu solchen sich den üblichen Pop-Konsumgewohnheiten verschließenden Zappa-Produktionen wie ›Uncle Meat‹ oder ›Burnt Weenie Sandwich‹ Zugang zu finden und ihre fremdartige Schönheit mitzubekommen. Sie verlangen das genaue Zuhören, das Erfolgsgruppen wie Led Zeppelin oder Deep Purple den Pop-Fans abgewöhnt haben. Bei Zappa, so scheint es, ist nichts zufällig. Mit derselben Sorgfalt, mit der seine einzelnen Stücke arrangiert sind, ist auch ihre Reihenfolge auf den Platten arrangiert, nicht anders als die Platten selber. Insofern Zappas musikalische Produktion sich hier dem traditionellen Werkbegriff fügt, der hier ncht die mehr oder weniger zufällige Aufeinanderfolge verschiedener Produkte meint, sondern die mehr oder weniger systematische Entfaltung eines Fundus von Ideen und Vorstellungen, beansprucht sie künstlerische Relevanz. Wie groß auch immer der Unterschied zwischen Zappas Musik und den Hervorbringungen der bürgerlichen Musikkultur sein mag, sie unterliegt damit dennoch der Gefahr, die im politisch-gesellschaftlichen Sinne qualitative Differenz zwischen Pop-Musik und sogenannter E-Musik wieder aufzuheben und damit einem bürgerlichen Begriff von Musik (und Kunst überhaupt) zu erneuter Geltung zu verhelfen. Zappas musikalisches Werk weist Züge jenes elitären Kunstbegriffs auf, von dem die Pop-Musik sich entschlossen abgewandt hatte. Wenn aber ›Chunga's Revenge‹ den Beginn einer neuen Phase seiner Arbeit markiert, dann scheint sie zugleich die Überwindung jener elitären Elemente in Zappas Werk zu signalisieren, ohne daß dafür dessen artifizielle Errungenschaften aufgegeben würden.« (Helmut Salzinger, ›Rock Power‹ S. 226/227)

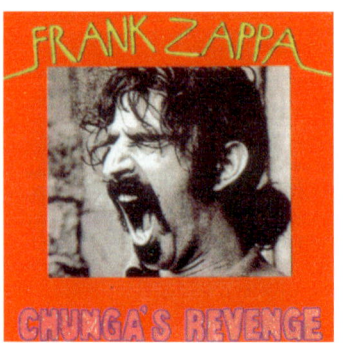

27 Plattencover von ›Chunga's Revenge‹

Am 13. Dezember 1970 spielten Frank Zappa und die Mothers Of Invention im rappelvollen Zirkus Krone in München ein grandioses Konzert in der Besetzung F. Z. (Gitarre, Gesang); Howard Kaylan und Mark Volman (Gesang); Jeff Simmons (Baßgitarre, Gesang); George Duke (Tasteninstrumente); Ian Underwood (Flöte, Saxophon); Aynsley Dunbar (Schlagzeug). Unter den begeisterten Besuchern war auch Münchens neues Sex-Symbol Rosy Rosy. Sie nutzte die Gelegenheit auf ihre Art.

»Zwei Tage nach dem Bezug der neuen Wohnung frisch aus dem Land in Zappas Konzert gestürzt. Dachte mir schon, daß die Leute diesmal anders aussehen als bei Pink Floyd, da war alles farbig gekleidet. Diesmal starke Schwarz-Weiß-Kontraste… Als die Mothers die Bühne betraten, legte ich den Mantel ab. ›Endlich Typen, auf die man mal wieder stehen kann, die machen einen scharf‹, rief ich laut. Vor uns saßen Knaben, die's schweigend zur Kenntnis nahmen. Verstand wieder soviel wie gar nichts, was die da oben sangen. Durch einige Worte und Vibrationen bekam ich aber mit, daß sie sich über die Deutschen lustig machten, sie total verarschten. Karin geriet mächtig in Aufregung. Margret beschwichtigte sie. Die Typen vor uns drehten sich um und lachten über uns wie die Mothers über Groupies und fucken sangen. Ging vor zur Bühne, wollte mir die Bürschlein aus der Nähe ansehen. Das Licht ging an. 15 Minuten Pause. Kam zu den Frauen zurück. ›Die Typen sind vielleicht politisch‹, sagte ich, ›die haun's dir nur so um die Ohren.‹ Fragte Margret, ob sie mit hinter die Bühne kommt. Nee, nee, die Typen sind mir zu stark, da hätt' ich Angst. Na, dann geh ich alleine. Lief den kurzen Weg über die Bühne, Peoples pfiffen mir zu. Als erstes traf ich den dicken Sänger Mark Volman. Ging an ihm vorbei und sah ihn von der Seite her an. Mund offen, flocht mir dabei ein Zöpfchen. ›Hallo‹, grußte er, ich marschierte etwas

»She is fantastic«, sagte er zu Aynsley und führte die Hand zum Mund. Beim Citta stieg ich aus. Zu den beiden: »We call this Schwabing, Leopoldstraße.«

Rosy Rosy

herum, stampfte mit den weißen Stiefelchen in die Zirkusspä-
ne. Endlich kam ich wieder an ihm vorbei. Er sagte was zu
mir. ›I can't understand english‹, sagte ich zu ihm und war
schon wieder einige Schritte unterwegs. Er winkte mir ver-
trauensvoll mit dem Finger. ›Was, du sprichst deutsch‹, fragte
ich. ›Nein‹, sagte er tief. ›I like more yeah‹, und nickte mehr-
mals mit dem Kopf. Hatte ziemlich Herzklopfen, muß ich ehrlich sagen, dabei … Frank kam in seinen blauen Seidenhös-
chen an, sah mich aber nicht. Die 2. Runde begann. Stellte
mich diesmal mit auf die Bühne, tanzte hinter der *group*. Der
Fritze, ich meine der Herr Rau, der diese Konzerte immer ma-
nagt, kam tanzend auf mich zugewankt, war voll dran, aus-
zuflippen. Die Musik war so stark, daß ich fast mit dem Tan-
zen nicht mehr mithalten konnte … Schaute immer hinter den
Verstärkern zu den einzelnen Musikern. Mit allen lief da was.
Frank konnte ich nicht merkbar erreichen … Jetzt standen alle
Leute. Frank sah mich an und lachte mir zu. Kletterte über
sämtliche Stühle zu meinem Mantel … Ging einfach los, wußte
noch nicht, wohin, öffnete die Eisentüre, eine schmale Stein-
treppe hoch, sah dann Frank stehen und hörte ihn mit Leuten
sprechen. Lief an ihm vorbei, mitten rein in die Garderobe …«
(Rosemarie Heinikel, ›Rosy Rosy‹ S. 175)

Die Party nach dem Konzert verlagerte sich in eine Schwa-
binger Wohnung.

»Wenn unsere Polaroidkamera nur gegangen wäre, hätt' ich
doch mitnehmen sollen. Wie er so saß mit seinen himmel-
blauen Samthosen, die Gitarre auf übereinandergeschlagenen
Knien, seine Fußzehen wippten in orangeroten Söckchen. Vor
einer großgemusterten Blumentapete auf improvisiertem Bett.

28 Frank und die Mothers mit Babys (allerdings nicht mit den eigenen; sie   ▶
waren extra für den Fototermin gecastet worden)

Der 1929 geborene **Fritz Rau** wäre
beinahe Jurist geworden. Doch
1954 eröffnete der Jazzfan einen
Jazzkeller in Heidelberg und bekam
Kontakt zur damaligen Musik-Szene.
Bereits 1955 veranstaltete er sein
erstes Konzert mit Albert Mangels-
dorff. Zudem arbeitete Rau als
Konzertbetreuer für so berühmte
Jazz-Musiker wie John Coltrane,
Miles Davis oder Ella Fitzgerald. Ab
1963 veranstaltete die Konzertagen-
tur Lippmann & Rau Pop-, Rock-
und Blues-Konzerte, die Musiker
wie Eric Clapton, die Rolling Stones,
Jimi Hendrix, The Doors oder das
American Folk Blues Festival nach
Deutschland brachten.

Aynsley kam wieder mit der Kamera, das Wasser lief in die
Badewanne ein, wollte unbedingt, daß ich mit ihm in die Badewanne komme, hatte jetzt keine Lust dazu. Frank sprach
mit Aynsley über das, was er eben spielte, schlug ihm dann
anschließend mit den Händen vor, wie er sich Drummer-
rhythmus dazu vorstellt... Frank machte die Tür zu. Ging
nochmal raus, um mir Zigaretten zu holen und als ich wie-
derkam, lag er schon nackt unter der Decke... Frank hat eine
Ausstrahlung, weiß auch nicht, wo er sie her hat, kommt von
ganz weit links unten. Mein Rock fiel, setzte mich auf die
Bettkante und fuhr Rad mit den Beinen. Zog geräuschvoll die
Reißverschlüsse der weißen Stiefel. Frank sprach: ›You know,
movies about boots?‹ und ›You going quick!‹ Er griff unter
meinen Wollpullover, öffnete den BH, den Margret geklaut
hat. Die Strumpfhose ließ ich an, weil sie lila war. ›Wollen wir
die Lichter löschen?‹, fragte Herr Zappa. ›Okay, tu es, wenn
du willst!‹. Nahmen uns gleich in die Arme und kuschelten
miteinander, er biß in meine Schulter, au, tat ja weh. Irgendwo kam er mir schon sehr bekannt vor. ›Was ist ein Mother-
fucker?‹, fragte ich. ›Men, who fuck their mother!‹ Na, das

weiß ich auch, genauer wollt ich's halt erklärt haben. Aber
das ging schon in Ordnung... Unsere Bewegungen liefen zusammen, tobte auf ihm herum, mußte wahnsinnig lachen,
hielt mich immer fest in den Hüften, wir stürzten ineinander
rein. ›You take the pill?‹, fragte Frank. ›Was? the pill, nein.‹
Er war am Überlegen. Zog jetzt die Strumpfhose aus. Er
nahm mich wieder voll in die Arme. ›Wollen wir Babys machen?‹ Oh, war Frank süß. Er, ich, Penis, Möse, Brüste, lag auf
ihm und steckte ihn rein. Die Babysache war ihm nicht ganz
klar, sprach nochmal davon. Er hielt sich an den Brüsten fest
und zog sie fest nach unten, tat sehr wohl. Aynsleys Frau kam
rein, brachte uns Zigaretten und wünschte uns eine gute
Nacht. Da war schon mein erster Orgasmus gelaufen.« (Rosemarie Heinikel, ›Rosy Rosy‹ S. 168/169)

Weitere Materialien für Interessierte

a) Musik
›The Ark‹ (Illegaler) Mitschnitt vom
   18.7.1968 in Boston. Die Bootlegger
   hatten die Bänder einfach geklaut.
›Sharleena‹ findet sich in einer Lang-
   fassung auf ›Lost Episodes‹.
Flo and Eddie, ›Illegal, Immoral And
   Fattening‹ (Rhino); ›Best Of‹ (Rhino)
The GTO's, ›Permanent Damage‹
The Ronettes, ›The Best Of‹ (Abkco)

b) Zitate
»Mensch, war Frank lieb, er ist einfach
älter als die anderen« Rosy Rosy
»Aynsley sah wieder mal nach mir,
griff mir im Vorbeigehen in die Beine«
Rosy Rosy
»Rosy, der einzig coole Mensch, der je
aus Franken kam.« Carl-Ludwig Reichert, Memoiren (unveröffentlicht).
»Greil fucking Marcus. What a wan-
ker!« Phil T. im Internet am 3.4.2000

c) Zappalog
Rosemarie Heinikel, ›Rosy Rosy‹ 1971
Helmut Salzinger, ›Rock Power oder
   Wie musikalisch ist die Revolu-
   tion?‹ 1972
ders., ›Swinging Benjamin‹ o.J.

ders., ›Jonas Überohr‹ 1976
ders., ›Rock um die Uhr‹ 1986
ders., ›Das Lange Gedicht‹ 1969
Greil Marcus, ›Lipstick Traces‹ (ein
   schauderhaft verquastes Buch vol-
   ler Mißverständnisse und Schreib-
   /Lese-Fehler vor allem hinsicht-
   lich der europäischen Avantgarde,
   in dem aber ein paar Anmerkun-
   gen zu DooWop brauchbar sind.)
Dr. Anthony J. Gribin/Dr. Matthew
   M. Schiff, The ›Complete Book Of
   DooWop‹ 2000
Ronnie Spector/Vince Waldron,
   ›Be My Baby‹ 1991
Über die Ronettes und Phil Spector
vgl. auch James Rober Barker,
   ›Treibstoff‹ 1998
Charlie Gillett, ›The Sound of the
   City‹ 1970 e./1978 d.
Bill Harkleroad, Lunar Notes. ›Zoot
   Horn Rollo's Captain Beefheart
   Experience‹ 1998
Colin David Webb, ›Unconditonally
   guaranteed – The Man and His
   Music‹ 1989 (dt. ›Garantiert unge-
   wöhnlich ... Das Leben des Cap-
   tain Beefheart‹ 1990. Mit ausführli-
   cher Diskographie)

Penis Dimension. 200 Motels später

Um 1970 hatte die progressive Pop-Musik den Zenit ihrer Massenkompatibilität erreicht. Das Festival in Woodstock hatte eine halbe Million Jugendlicher in Schlamm und Regen zur Woodstock-Nation vereint. Der Underground kam nach oben, nicht zuletzt, weil von unten jede Menge kreativer Druck kam. Von oben kam der Druck der Ökonomie. Ein Zustand, der auch für professionelle Musiker ohne immer härtere Drogen nur schwer auszuhalten war. Einige Pop-Heroen der ersten Stunde wie Janis Joplin und Jimi Hendrix sollten das Jahr nicht überstehen.

Frank Zappa stand dem sogenannten Underground von Anfang an höchst skeptisch gegenüber. Das artikulierte er in seinem Interview mit East Village Other in aller Deutlichkeit:

FZ: Die meisten Leute, die angeblich Teil des Undergrounds sind, sind sehr feige ... und dumm.

EVO: Sie meinen, sie gehören nur deshalb dazu, weil sie anderswo nicht ankommen?

FZ: Sie sind dabei, weil sie nichts anderes tun wollen. Sie sind zu faul, um etwas anderes zu tun. ›He, ich habe eine Lebensart gefunden, bei der ich mich als Gemüsemann bezeichnen kann, und keiner hat was dran auszusetzen! He, kannst du mir noch eine geben?‹ Und wenn einer ihm an den Karren

Die Kuh auf dem Cover dreht den Kopf nur müde in die Kamera: ›Atom Heart Mother‹. Der verwaschene Phoenix auf der ersten von Emerson, Lake & Palmer; der grob gerasterte, brennende Led Zeppelin; die Köpfe von Deep Purple am Mount Rushmore; Uriah Heep: das Mumiengesicht unter den Spinnweben – ›Very 'eavy ... very 'umble‹; die schwarze, schwindsüchtige Frau im verwilderten Garten von Black Sabbath; die bunten, märchenhaften Initialgemälde auf King Crimsons ›Lizard‹; die verwunschen-blaue Märchenlandschaft auf dem epischen Klappcover des zweiten Genesis-Albums ›Trespass‹; ›Cricklewood Green‹ von Ten Years After; das laszive Flickwerk auf Santanas ›Abraxas‹. Cover Art, LP-Zeit. Wer sich noch Singles kauft, verschwendet sein Geld. Und außerdem: Wie soll man die langen Stücke auf einer so lächerlich kleinen Platte unterbringen?«

Deicke/Rausch ›Die Rockjahre‹

29   Plakat für einem Mo-
thers-Auftritt im Jahr 1971

fährt, sagt der einfach: ›Was willst du? Ich bin ein Individualist, und so bin ich eben.‹ Unter denen, die ich in diesem angeblichen Underground getroffen habe, fand ich nur sehr wenige Leute, die wirklich bereit waren, irgendetwas zu tun. Ich
meine keinen Job, wo man sich von 9 bis 5 den Hintern platt
sitzt, keinen Broterwerb; ich meine etwas tun für irgendeine
Sache, eine wirkliche oder eine eingebildete. Alles ist so ober-
flächlich, Mann. Arschlöcher! Wenn die Typen, die glauben,
sie seien im Underground, auch nur für fünf Pfennig soviel
Hingabe hätten wie die im feindlichen Lager … Also, diese

Underground: Das ist Musik für Teestuben und düstere Diskotheken,
Musik zwischen den sinister tönenden Anfängen des Heavy Metal und
dem intellektuellen Liebäugeln mit der »großen« Klassik. So mancher Musiker – besonders gern die Keyboarder, die ihrem Klavierunterricht nach-
trauern – bastelt an Rock-Symphonien und orchestralen Fingerübungen,
die allenfalls dokumentieren, daß er auch Noten lesen kann. Ist Rock
endlich eine Kunstform geworden?

Deicke/Rausch ›Die Rockjahre‹

Leute, die die Kriegsmaschinerie in Gang halten, tun es wirklich mit Hingabe, Mann. Das *muß* man schon, wenn man es so gut macht. Diese Leute, die diese Maschinerie in Gang halten, sind sehr krank... aber sie haben Hingabe. Und bei denen, die die Madison Avenue in Gang halten, ist es genauso, sie haben nämlich etwas, an das sie glauben können. Und die meisten stolpern über ihre Schnürsenkel, die Tapete, ihr ›kosmisches Bewußtsein‹ und was weiß ich noch. Sie glauben nicht einmal, daß etwas geschieht, weil sie sich immer noch fragen, ob nun die Phantasie Realität oder die Realität Phantasie ist. Sie sind sich nicht sicher. Sie sind völlig verwirrt. (ACID S. 293/294)

Das Jazzmagazin ›Downbeat‹ rief Frank Zappa im Dezember 1970 zum Pop-Musiker des Jahres aus. Ein günstiger Zeitpunkt, denn Frank stand in Verhandlungen mit United Artists

Das Dauerthema Groupies ließ Journalisten von Anfang an nicht ruhen. Zappas Ausführungen blieben immer gelassen und menschenfreundlich, manchmal auch ein bißchen hintersinnig. In Rolf Ulrich Kaisers Buch ›Rockzeit‹ las es sich so:

RUK: Du hast viel über Groupies gesungen und besitzt eine umfangreiche Sammlung von Material, die irgendwann als Buch erscheinen soll. Sind Groupies »plastic«?

FZ: Für mich nicht.

RUK: Was bedeuten sie für dich?

FZ: Sie können dem Musiker ein wenig Erholung geben, wenn er auf Tournee ist.

RUK: Sie gelten als sowas wie »emanzipiert«.

FZ: Einige sind es, andere nicht. Jede ist eine andere Person.

RUK: Sind sie deiner Meinung nach emanzipiert?

FZ: Die Mädchen, mit denen ich Kontakt habe, sind in der Regel emanzipiert.

RUK: Sind sie ein Prototyp des emanzipierten Mädchens?

FZ: Einige mehr als andere.

RUK: Aber sie kommen zu dir, weil du so was wie ein Idol bist.

FZ: Nein, das stimmt nicht.

RUK: Da bist du ganz sicher?

FZ: Ja.

RUK: Also, das Problem der Emanzipation. Auf welche Weise?

FZ: (denkt lange nach.) Ich glaube, da gibt es keinerlei Lösung, die ich anbieten könnte und die einer großen Zahl von Leuten nutzen würde. Das ist ein persönliches Problem. Jeden hindert was ganz Bestimmtes daran, sein eigenes Leben zu führen. Es gibt verschiedene Probleme und verschiedene Wege, sie zu lösen.

RUK: Was ist deine persönliche Lösung?

FZ: Ich habe mich damit gründlich befaßt, als ich achtzehn Jahre alt war. Mittlerweile habe ich es vergessen.

über eine Verfilmung der ›200 Motels‹-Show. United Artists war unter der Voraussetzung, daß der Film kein X-Rating erhielt, bereit, 630 000 Dollar in die experimentelle Produktion zu investieren, die im Endeffekt beinahe 680 000 Dollar kostete. Gedreht und geschnitten wurde ausschließlich auf Video. Anschließend kopierte man das Material auf 35-mm-Film um. Dieses Verfahren war erstmals bei einem Musikvideo von Cream angewandt worden.

Als Darsteller sollten Rockstars wie Mick Jagger, Jeff Beck oder Pete Townshend fungieren. Aber keiner konnte oder wollte dann wirklich und es blieb bei Keith Moon als heißer Nonne, Ringo Starr als Larry The Dwarf und Frank selbst. Zusätzlich konnte Manager Herb Cohen seinen alten Bekannten Theodore Bikel als zwielichtig-diabolischen Rance Muhammitz verpflichten. Für die Country-Parodie des Lonesome Cowboy Burt gab es keinen Geeigneteren als den Indianer der Gruppe, Jimmy Carl Black. Roadmanager Dick Barber wurde als Industrie-Staubsauger-Darsteller verpflichtet. Miss Pamela Miller, Miss Lucy Offerall und Miss Jane Ferguson vertraten die GTO's. Miss Pamela spielte eine Reporterin, die anderen beiden spielten, was sie waren – Groupies.

Die Orchestermusik lieferten das Royal Philharmonic Orchestra, The Classical Guitar Ensemble und die Top Score Singers.

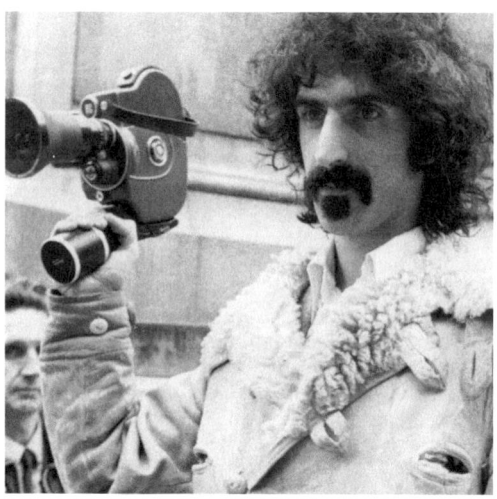

30 Zappa filmt an
›200 Motels‹

Die Mothers im Film waren Frank Zappa, Flo And Eddie, die Underwoods, Jim Pons (Ex-Turtles-Bassist), George Duke, Aynsley Dunbar und Jimmy Carl Black. Dazu kam der Chauffeur von Ringo Starr, Martin Lickert, ein ehemaliger Bassist, der den während der Proben flüchtig gewordenen Jeff Simmons ersetzte.

Die Filmkritiker mochten ›200 Motels‹ genausowenig wie die meisten Musikkritiker. Dafür verkaufte sich das Doppelalbum relativ gut und stieß bis auf Platz 59 vor. Die Reaktionen der Fans auf den Film waren gespalten, wie die meisten Konsumentenköpfe. Wer auf progressive Popmusik und Undergroundfilme stand, war mit Sicherheit begeistert. Alle, die ihr Bewußtsein immer noch eindimensional Schublade für Schublade organisierten, waren geschockt bis zur Empörung und verstanden die revolutionäre Ästhetik dieses ersten Mammut-Clips überhaupt nicht. Was hätten sie erst anläßlich der Aufführung der ungeschnittenen vierzehnstündigen Fassung von ›Uncle Meat‹ ein Jahr später gesagt?

Inhaltlich war ›200 Motels‹ eine Paraphrase, aber auch ein Konzentrat des ›Uncle Meat‹-Projekts, wie sich 1987 zeigte, als diese in der Endfassung nur noch zweistündige Billig-Produktion endlich fertig wurde. Das Skript zu ›200 Motels‹ hatte Zappa aus unendlichen Mengen von Notizen collagiert, die er auf den Tourneen der Mothers auf Zettel und Notenpapier gekritzelt und fleißig gesammelt hatte, quasi als soziologisches Substrat des Films. Das ganze verquirlte Frank nun mit allerhand Pseudo-Symbolik, die teilweise auf seiner Cordwainer Smith-Lektüre beruht haben dürfte, zu einer, wie er selbst es nannte, surrealistischen Dokumentation mit hohem Unterhaltungswert auf verschiedenen Ebenen. Einige der Anspielungen und Querverweise waren so kryptischer Natur, daß sie wahrscheinlich nur von den Bandmitgliedern selbst verstan-

Cordwainer Smith war ein Pseudonym, hinter dem sich Professor Dr. Paul Myron Anthony Linebarger (1913–1966) versteckte. Der Regierungsberater (Ostasien-Experte) schrieb Science-Fiction-Romane, verfaßte aber auch ›Psychological Warfare‹, ein Standardwerk der psychologischen Kriegführung. Obwohl er kaum zehn Jahre lang Science Fiction produzierte, gilt er Kennern des Genres als wichtiger Autor, der ein eigenes, in sich geschlossenes Universum konstruierte.
Auf deutsch sind u. a. erschienen:
›Die besten Stories von C. S.‹;
›Herren im All‹; ›Sternenträumer‹;
›Der Planetenkäufer‹.

den werden konnten, andere, wie etwa die ausführliche Dis-
kussion von Penis-Längen, hatten geradezu universellen Charakter. Dazu kamen Fachfragen, etwa den erweiterten Blues
oder den korrekten Umgang mit Groupies und Makrobiotik
betreffend. Ein reichhaltiges, nicht auszuinterpretierendes
Gesamt-Kunstwerk, das seine hirnzellenanregende Funktion
bei mehrfachem Genuß nicht verliert, sondern eher steigert,
denn »*practise is a practise practising*« – oder vornehmer ausgedrückt: »In 200 Motels bezieht sich Zappa nicht auf die auto-
ritäre Authentizität des Symphonie-Orchesters wie Deep Purple oder Andrew Lloyd Webber, er verfolgt dessen innere
Logik bis zu dem letzthinnig sexuellen Punkt der Absurdität
und Zerstörung.« (Ben Watson, ›The Negative Dialectics Of
Poodle Play‹)

Mit einer neuen Mothers-Formation ging Zappa anschließend wieder auf Tournee. Gerade noch rechtzeitig vor der
Schließung des Fillmore East fanden im Juni 1971 die Aufnahmen zum gleichnamigen Album statt. ›Fillmore East – June
1971‹ hatte ein Cover aus schlichtem weißen Karton, das einem
der gerade beliebt werdenden Bootlegs ähnelte. Fillmore East
profitierte von dem Schwung der Proben zu ›200 Motels‹. Flo
And Eddie erreichten neue Gipfel des Improvisations-Kaba-
rett-Gesangs und krönten die trashige Performance mit einer
Smash-Hit-Version des Turtle-Klassikers ›Happy Together‹.
Am letzten Tag schauten John Lennon und Yoko Ono vorbei
und kamen auf die Bühne. Das Ergebnis war eher unerquick-
lich, vor allem dank Yokos sinnlosem Geschrei und der miesen Mischung, die im Juni des Jahres auf Lennons Album ›Sometimes In New York City‹ veröffentlicht wurde. Sehr zum
Ärger Zappas wurde er auch noch um einige Urheberrechte
gebracht, die er sich dann aber durch eigene Veröffentlichungen und Remixe im Handstreich wieder zurückholte.

1971, ein Jahr nach der endgültigen
Trennung der Beatles befanden sich
John Lennon und **Yoko Ono** in einer
schwierigen Umbruchphase. Zwar
hatte John im März gerade das erfolg-
reichste und eingängigste Album
seiner Solokarriere, ›Imagine‹, aufgenommen, musikalisch betrat der
menschlich und künstlerisch recht
labile Lennon durch die sporadische
Zusammenarbeit mit experimentellen
Musikern aber auch Neuland. Zu dieser Zeit waren John und Yoko auch
häufig an der Seite von militanten
Linken und Bürgerrechtlern zu sehen –
mit ein Grund, warum die Behörden
es den Lennons so schwer machten,
in die USA überzusiedeln.

Im Lauf der Tournee wanderten Flo And Eddie einmal in Virginia Beach in den Knast, weil sie die Aufforderung der Polizei ignorierten, das F-Wort zu vermeiden. Künstlerpech! Am 7. Juli 1971 verabschiedete sich Jimmy Carl Black für ein ganzes Jahrzehnt von den Mothers und von Frank. Im August wurde ein weiterer Live-Mitschnitt gemacht, der dann aber erst 1972 als Album erschien, nämlich als ›Just Another Band From L. A.‹. Es handelte sich dabei um die Aufzeichnung eines Auftritts im Pauley Pavilion. Das witzige popsatirische Stück, das die Geschichte von Billy The Mountain erzählte, nahm die ganze erste Plattenseite ein.

Am 4. Dezember spielten die Mothers in Montreux. Dort brach bei ihrem Gig Feuer im Casino aus. Deep Purple verewigten diesen Vorfall in ihrem Hit-Song ›Smoke On The Water‹. Die Mothers konnten sich wie alle anderen in Sicherheit bringen. Doch die gesamte Anlage verbrannte. Dennoch ließ sich Frank überreden, die Tournee mit gemietetem Equipment fortzusetzen. Dadurch sollte alles noch schlimmer werden. Beim Konzert in London lief im Rainbow Theatre alles glatt bis zum Ende der ersten Zugabe, dem Beatles-Hit ›I Want To Hold Your Hand‹. Als Frank danach unter Beifall wieder auf die Bühne kam, um eine weitere Zugabe anzukündigen, wurde er von einem Konzertbesucher in den Orchestergraben gestoßen, wo er mit schweren Verletzungen liegenblieb. Der Täter, ein gewisser Howell, wurde festgenommen. Als Motiv nannte er Eifersucht, weil seine Freundin auf Frank

31   Das Plattencover von ›Fillmore East – June 1971‹

gestanden habe. Er wurde zu einem Jahr Gefängnis verurteilt. Das entsprach ungefähr dem Zeitraum, den Frank benötigte, um von seinen Verletzungen zu genesen, die ihn zeitweilig an den Rollstuhl fesselten. In seiner Arbeit freilich ließ er sich dadurch nicht behindern. Er stellte ein weiteres Solo-Album zusammen und produzierte die »echten« Ruben And The Jets, deren Album aber erst 1973 veröffentlicht wurde. Außerdem schrieb er an dem Libretto für eine Art Science-Fiction-Musical namens ›Hunchentoot‹, das aber nie auf die Bühne kam. Für Auftritte in der Öffentlichkeit stellte er nun einen Leibwächter an, eine Seele von einem kopfhaarlosen Riesen namens John Smothers.

Bei dem Angriff auf Frank war auch sein Kehlkopf verletzt worden, was in der Konsequenz zu einer Absenkung seiner Gesangs-Stimme führte, die für die künftigen Alben charakteristisch sein sollte.

›Just Another Band From L. A.‹ erschien im April 1972. Im Juli kam schon das nächste Album auf den Markt. ›Waka/Jawaka‹ war das Solo-Album, das er während seiner Rollstuhl-Zeit angefertigt hatte. Es war musikalisch gesehen eine Fortführung der in ›Hot Rats‹ eingeschlagenen jazz-rockigen Linie. In den Instrumental-Stücken waren reichlich Blechbläser zu hören, angeführt von Trompeter Sal Marquez.

Den Sommer über stellte Zappa eine neunzehnköpfige Big Band zusammen, die sein nächstes Projekt ausführen sollte. Die Premiere von ›The Grand Wazoo‹ war im September. Doch neunzehn Musiker waren neun zuviel. Von Oktober bis Jahresende tourte man zu zehnt, dann löste Frank das Orchester auf und stellte eine neue, neunköpfige Mothers-Formation zusammen, die Anfang 1973 weltweit auf Tournee gehen sollte.

›The Grand Wazoo‹, das Album, war der erste wirkliche Flop, was die Verkaufszahlen betraf. Das auf weiten Strecken

It's fuckin' great to be alive!
Frank Zappa

überambitioniert und bombastisch wirkende Album war mit seiner barocken Jazz-Attitüde wahrlich nicht jederfans Sache. Wie manchmal auch bei seinen Exkursionen in die moderne Klassik wirkte so manches alles andere als avantgardistisch oder experimentell, sondern bloß epigonal. Ein Problem, das Zappa wahrlich nicht allein hatte, man denke nur an Friedrich Guldas rührende Versuche, »freien« Jazz zu spielen, ohne aber jemals aus dem harmonischen oder melodischen Rahmen fallen zu können – möglicherweise der Fluch des absoluten Gehörs. Es schien, als habe der rücksichtslose und genialische Rock-Experimentator eine zweite, viel zu demütig-respektvolle »Qualitätsmusik«-Seele – ein häufiger Wesenszug bei Autodidakten.

Die neuen Mothers bestanden aus teilweise alten Bekannten: Jean Luc Ponty, George Duke, Ian Underwood, Ruth Underwood, Bruce und Tom Fowler, Ralph Humphrey und zeitweise Sal Marquez.

Die Tournee begann im Februar. Bis Mai spielte man in den USA, dann ging es nach Australien. Im August und September waren die Mothers in Europa. Dort traten sie in Däne-

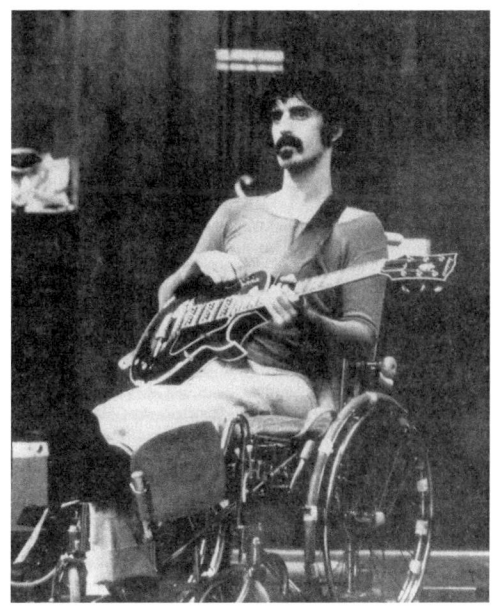

32 Zappa 1972

mark, Schweden, Finnland, Norwegen, Deutschland, Frankreich, Holland, Belgien, Italien und England auf.

1972 versuchte sich der Autor David Walley an einer ersten Zappa-Biographie, die trotz enger Zusammenarbeit mit Frank dessen Billigung dann doch nicht fand. Nichtsdestoweniger handelt es sich dabei um den Grundstein aller weiteren Biographik in Sachen Zappa. 1972 lösten sogenannte Underground-Radio-Stationen auf UKW in den USA vielfach die Top 40 Radios auf Mittelwelle ab. Sie spielten die langen Stücke der progressiven Rock-Alben und kreierten solchermaßen neue Hits. Am anderen Ende der Skala tauchten die Glitzermänner David Bowie und Gary Glitter auf und bereiteten schon den Boden für die körperorientierten Tänzer des späteren Disco-Booms, der den abgewirtschafteten Etablissements zu neuem Glanz verhelfen sollte.

Weitere Materialien für Interessierte

a) Musik
Deep Purple: ›Smoke On The Water‹
   auf ›Anthology‹, ›Made In Japan‹
   u.v.a.
Playground Psychotics
Swiss Cheese/Fire Bootleg
John Lennon, ›Sometimes in New
   York City‹ 1972

b) Film
Richard Rush, ›Psych Out‹ 1968
Robert Dorfman, ›Groupies‹, Dokumentation 1970, X-rated.
Derek Ford, ›Groupie Girl‹ 1970

c) Literatur
Theodor W. Adorno, Das Gesamtwerk
Walter Benjamin, Das Gesamtwerk

d) Zappalog
Joachim Deicke / Burkhard Rausch,
   ›Stationen. Die Lebensstile der
   Rockepoche‹ 1987
Jenny Fabian und Johnny Byrne,
   ›Groupie‹ 1969

Gillian Rose, ›The Melancholy Silence‹
Ben Watson, ›The Negative Dialectics
   Of Poodle Play‹ 1993

e) Nachtrag
Gelesene, aber aus verschiedenen Gründen nicht verwendete Literatur:

Jonathan Eisen (Hg.) ›The Age Of
   Rock. Sounds of the American
   Cultural Revolution‹ 1969
›The Rolling Stone Rock'n'Roll
   Reader‹ 1974
›The Rolling Stone Interviews‹ Vol. 1
   1971
Jean-Martin Büttner, ›Sänger, Songs
   und triebhafte Rede. Rock als
   Erzählweise‹ 1997 (Ein Buch, das
   ums Verrecken nicht auf den Punkt
   kommt. Was Büttner über Zappa
   schreibt, steht meistens schon viel
   besser bei Ben Watson.)
Jenny Fabian, ›Chymische Romanze‹
   (Roman)

Touring Can Make You Crazy.
Als Poster unterwegs.

Als im September 1973 ›Overnite Sensation‹ als sechzehntes Album innerhalb der »konzeptionellen Kontinuität« von Zappas Gesammelten Werken erschien, gab es überall Wohngemeinschaften junger Leute. Und es dürfte kaum eine darunter gegeben haben, die nicht das berühmt-berüchtigte, übrigens nicht autorisierte Zappa-Poster auf dem Lokus hatte. Vermutlich war es mindestens so weit verbreitet, wie davor das Porträt von Che Guevara. Mit ›Overnite Sensation‹ machte Zappa endlich auch dieser Zielgruppe wieder große Freude. Denn auf diesem Album waren Songs zu hören, die noch bizarrer und satirischer als die bisherigen waren. Die Musik war überzeugender, moderner Rock. Kein Wunder also, daß

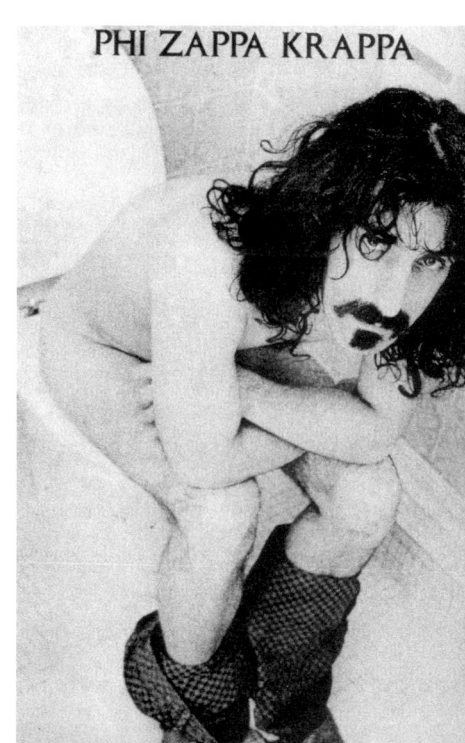

die wiederversöhnten Zappatistas das Album auf bisher ungeahnte Höhen der Charts stemmten. Platz 32! Das war nach fünf Jahren Durststrecke aber auch dringend nötig gewesen. ›Overnite Sensation‹ blieb fast ein Jahr lang in den Charts und wurde schließlich nach drei Jahren vergoldet.

Die Songs gehörten insgesamt zum Besten, was Zappa seit Jahren abgeliefert hatte. Dazu kam seine neuartige

> »Ich würde nicht sagen, daß ich nie mehr arbeiten müßte, wenn ich heute aufhören würde, aber finanziell abgesichert zu sein ist mir genauso wichtig wie allen anderen auch. Ich habe eine Frau und zwei Kinder und ein drittes ist unterwegs. Wir leben nun mal alle in dieser Hülle, die man Körper nennt, und der scheint einfach besser zu funktionieren, wenn er bestimmte Dinge wie Essen, Kleidung und ein Dach über dem Kopf hat.«
>
> *Frank Zappa (FZW 77)*

Behandlung des Gesangs, die vermutlich aus seiner Kehlkopf-Verletzung resultierte. Es war eine Art Sprechgesang mit tiefer Stimme, der variationsreich vorgetragen wurde. Der heimliche Hit des Albums war ›Dinah-Moe Humm‹, ein Lied über eine junge Frau mit Orgasmus-Problemen. Und wohl kaum ein angestellter Radio-Moderator konnte der Versuchung widerstehen, seine Show mit ›I'm the Slime‹ zu eröffnen.

Weitere griffige Titel wie ›Camarillo Brillo‹ oder ›Zomby Woof‹ (verballhornt für: Zombie Wolf) setzten sich unwiderruflich in den kleinen grauen Zellen der Hörer fest. Der absurdeste freilich war eine Hymne an die Zahnhygiene, betitelt ›Montana‹, auf der Tina Turner And The Ikettes Background sangen. Der Sänger auf ›Zomby Woof‹ und ›Fifty Fifty‹ war ein gewisser Ricky Lancelotti, ein wirres, drogenabhängiges Genie, das ein paar Jahre später an einer Überdosis starb. Ein weiterer von Lancelotti gesungener Song war ›Wonderful Wino‹, der erst auf den ›Lost Episodes‹ erschien. Der Ansager von ›I'm The Slime‹ war Kin Vassey.

Auf ›Overnite Sensation‹ erschien der mysteriöse Pudel, Schreck und Herausforderung aller Zappa-Interpreten, in vol-

---

MMM … tweezers!
D'you think I could interest you
In a pair of zirkon-encrusted tweezers?   ›*Dinah-Moe Humm*‹

I am gross and perverted
I'm obsessed 'n deranged
I have existed for years
But very little has changed
I am the tool of the Government
And industry too
For I am destined to rule
And regulate you   ›*I'm the slime*‹

> Give me Your dirty love
> The way your mama
> Make that nasty poodle chew
> I'll ignore your cheap aroma
> And your little-bo-peep diploma
> I'll just put you in a coma
> With some dirty love   ›*Dirty Love*‹

ler Glorie. Dabei ist des Rätsels Lösung respektive des Pudels Kern gar nicht so schwer zu finden.

Er verwendet das Wort wegen seines Lautwerts und seiner absurden Seite. Dadurch, daß er es wiederholt, es kaum wahrnehmbar ändert und ihm eine Bedeutung verleiht, die dem Augenblick entspricht, in dem es ausgesprochen wird, steigert er die Komik. Er kehrt selbst trockene wissenschaftliche Termini ins eindeutig Komische, indem er sie in den unmöglichsten Momenten auftauchen läßt. So die »*zurkon-* [!, CLR] *encrusted tweezers*«, der [?, CLR] *»dental floss*« und die Allgegenwart verschiedener Tiere, in letzter Zeit vor allem des Hundes, »*poodle*« (Pudel) oder der einfachen Promenadenmischung. (AD 139) Einige Seiten weiter in Alain Disters 1980 in schaurig-schönes Deutsch übersetztem Buch ›Frank Zappa‹ aus dem Jahr 1975 heißt es in einem Interview, das Urban Gwerder führte:

»Du sprichst oft von Pudeln. Interessierst du dich für Hun-

34 Ein wichtiges Element in Zappas Schaffen: der Hund (bevorzugte Rasse in den Songtexten ist der Pudel). Diese bebrillte Spezies ist auf dem Cover von ›Boulez Conducts Zappa. The Perfect Stranger‹ abgebildet. Man trifft sie aber auch auf den Covern von ›Francesco Zappa‹ und ›Them Or Us‹.

Touring Can Make You Crazy. Als Poster unterwegs (1973–1976)

80

de? – Nein. Der Pudel ist die gleiche Art von Bild wie der »*zurkon encrusted tweezer*«. Wenn du irgendein beliebiges Wort nimmst, das du häufig genug wiederholst und an Stellen einsetzt, wo man es nicht erwartet, nimmt es eine neue Dimension an.« (AD 154) Wer's unbedingt komplizierter haben möchte, lese den Wälzer von Ben Watson.

Die Mothers waren 1973 fast ununterbrochen auf Tournee in USA, Kanada, Australien und Europa. Anfang April starb Zappas Vater. Im September verließ Trompeter Sal Marquez die Band. Schon im Oktober stellte Zappa neue Mothers zusammen.

Die beiden eigenen Labels Straight und Bizarre wurden zusammengelegt und hießen nun Discreet. Zappa war zunehmend unzufrieden mit Herb Cohens Veröffentlichungs- und Verpflichtungs-Politik. Absolute Nullen wie The Whiz Kids standen Hitmacherinnen wie Brenda Patterson oder Kathy Dalton gegenüber. Letztere vor allem hatte mit ›Boogie Bands And One Night Stands‹ einen verdienten Erfolg. Eher auf dem absteigenden Ast befand sich Tim Buckley. Ted Nugent And The Amboy Dukes hingegen kamen zu früh heraus, denn Ted wurde erst ohne die Dukes ein Hit, dann aber auf Epic. Eine ganz schlechte Nase hatte Cohen aber dennoch nicht. Schon 1974 versuchte er, mit Ray Willie Hubbard & The Cowboy Twinkies ins Geschäft zu kommen. Das geplante Album kam aber leider nicht zustande.

War schon das nur knapp über dreißigminütige ›Overnite Sensation‹ ein erstaunlicher Erfolg gewesen, so übertraf das nächste Zappa-Solo-Album, ›Apostrophe (´)‹, jede Erwartung. Es schoß auf Nummer zehn der Album-Charts. Innerhalb von zwei Jahren wurde es vergoldet. Auch diesmal gab es nur knapp über dreißig Minuten Musik, die aber war exquisit. Die Publikumslieblinge ›Don't Eat The Yellow Snow‹, ›Cosmik

Ich glaube, mein Dad war ein interessanter Mensch – auch wenn ich mit ihm nicht besonders gut zurechtkam. Er war gut in Mathematik – er schrieb und veröffentlichte ein kleines Buch über Glücksspielsysteme ... Meistens versuchte ich ihm aus dem Weg zu gehen – und ich glaube, er versuchte mir ebenfalls aus dem Weg zu gehen. Sobald ich im ›Showgeschäft‹ etwas Geld verdient hatte, kaufte ich meinen Eltern ein Haus und von da an, schätze ich, hielten sie mich doch für einigermaßen okay.

Frank Zappa (FZIAM 224/225)

Debris‹ und ›Stink-Foot‹ gehörten in den folgenden Jahren zu den oft geforderten Konzert-Stücken. Und der erste Single-Hit Zappas, ›Snow‹, schaffte es immerhin auf Platz 86 der Hot Hundred.

Am 15. Mai kam das dritte Kind zur Welt, Ahmet Rodan (benannt nach Atlantic-Records-Tycoon Ahmet Ertegun und dem japanischen Kino-Monster). Er scheint derjenige von Zappas Söhnen zu sein, der die größte Portion des kaustisch-zynischen Witzes seines Erzeugers geerbt hat.

Borniert Kritiker verwechselten die Sexual-Satiren Zappas, die auf Empirie und Beobachtung der Realität basierten, mit Pornographie. Das entsprach der fortschreitenden Prüderie und Doppelmoral der massenmedialen Gesellschaften, die zu Verkaufszwecken zuerst die Produktwerbung sexualisierten und sukzessive dann das Gesamt-Angebot, ohne jemals wirklich zur Sache zu kommen – endlose Vorlust, ständige Erregtheit, aber niemals Befriedigung.

Das angeblich so dumme Publikum begriff jedenfalls besser. Es amüsierte sich ohne Scheuklappen weit jenseits der Quoten-Zoten verklemmter TV-Entertainer.

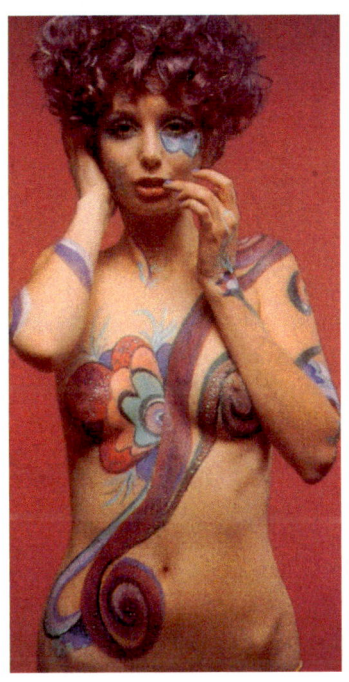

35 In den 70er Jahren werden der nackte Körper und die Sexualität zunehmend öffentlich thematisiert.

36 Zappa 1974

»Manche Leute regen sich auf, wenn man über sexuelle Dinge redet, denn darüber spricht man einfach nicht – und wer sich am meisten darüber aufregt, das sind die Journalisten. Wahrscheinlich gibt es dafür irgendwelche tieferliegenden psychologischen Gründe ... das Publikum hat einfach seinen Spaß.« (Frank Zappa, FZW 84)

Die »tieferliegenden Gründe« sind wahrscheinlich sehr oberflächlicher Natur. Rockjournalisten sind ständig mit Rock-Stars zusammen, die das Ziel erotischer Wünsche vieler Frauen sind. Sie selbst sind das nie. Und die Libido weiblicher Rock-Stars scheint sich auch nicht gerade auf Journalisten zu konzentrieren.

Well, I get off bein' spoo-ed upon
By hypercritical TV Evangelists
With close ties to the Republican Party,
While Ed Meese wipes his ass
On the U.S. Constitution, screamin':
I don't think so – can't remember –
I just couldn't ever do that

›What kind of girl?‹

Zudem hatten die Leute Mitte der siebziger Jahre das ver-klemmte Getue und die Heuchelei spießiger religiöser und politischer Fundamentalisten ziemlich satt. Auch Zappas Satire sollte sich in der Folgezeit immer wieder an diesem erlauch-ten Personenkreis festbeißen.

Im September 1974 erschien das Album ›Roxy & Elsewhere‹. Es hatte schon ganz deutlich die Gangart der nächsten Dekade. Frank war Dirigent, Solist und Conferencier, die Musiker wa-ren Ausführende seiner Ideen. Auf ›Roxy‹ brillierte Frank bei der Einleitung zu ›Cheapnis‹ als Horror-B-Picture-Experte, der Pudel kam auch wieder vor. Die Fans waren überglücklich und unterhielten sich prächtig, die Kritiker schnaubten ver-ächtlich, murmelten etwas von Stagnation und wandten sich dem nächsten neuen Elvis- oder Dylan-Surrogat zu, das den Rock'n'Roll retten würde.

Für Kontinuität und Konsequenz, wie sie auf je verschiede-ne Art Gruppen wie The Grateful Dead, Jefferson Airplane, The Band, ja sogar die Rolling Stones praktizierten, hatte kaum jemand aus der schreibenden Zunft etwas übrig. Eine neue Generation von Pop-Journalisten strebte vielmehr selbst Startum an. Das System Pop wurde nicht mehr in Frage ge-stellt, sondern sollte bestenfalls durch Überaffirmation ausge-höhlt werden. Das war eine zynische und gleichzeitig ziemlich dämliche Ausrede für den charakterlichen Ausverkauf vieler Rock-Kultur-Schreiber, die endlich das *große Schlagzeugsolo* auf der Schreibmaschine spielen wollten. Es funktionierte natürlich und machte sich rasch in barer Münze bezahlt. Da die Journa-listen nun auch Stars waren, konnten sie von der Plattenindu-strie zu analogen Bedingungen übernommen werden. Sie schrieben pseudonym die Klappentexte der Platten, die sie dann zwischen bezahlten Anzeigen im redaktionellen Teil lob-ten. Sie entwickelten Ansprüche und paßten ihren Lebensstil

Rock'n'Roll ist eine Angelegenheit der Konzerne geworden. Er ist nicht mehr ästhetischen oder musikalischen Regeln unterworfen, er muß nur noch mit der Corporate Identity des jeweiligen Konzerns zusammenpas-sen. Alles ist ein großer Betrug.

Frank Zappa (FZW 76)

Touring Can Make You Crazy. Als Poster unterwegs (1973–1976)

84

with a little help from Big Brother an. Die Elite der Koksnasen bestand aus Models, Rockstars, Bankern und Journalisten. Die Redaktionen waren dankbar für die Unterstützung, sie hätten die vielen Flüge gar nicht mehr aufbringen können. Denn selbstverständlich flog nun der unabhängige Journalist auf Kosten der Plattenfirma zum Interview oder zur Tournee-Premiere. Und selbstverständlich flog keiner mit, der sich schon einmal als Querulant gezeigt hatte. Niemand dachte sich etwas dabei, in der Politik war das schließlich schon lange üblich.

Einige Musiker rächten sich für den Verrat, indem sie Punk neu und New Wave noch einmal erfanden. Viele Zeitschriften-Leser rächten sich, indem sie wieder ins Kino gingen. Viele Schreiber rächten sich, indem sie unzählige Fanzines gründeten.

Einige Unbeirrbare blieben unkorrumpierbar. Zappa war und ist eines ihrer großen Vorbilder. Seine Analysen des Rockgeschäftes haben zudem den Vorteil der Klarheit.

Einstweilen konnten sich die Unbeugsamen an Songs wie ›Penguin In Bondage‹ oder einer Neuauflage von ›Trouble Coming Every Day‹ erfreuen und hievten auch dieses Album hoch in die Charts auf Rang 27. Im Spätsommer und Herbst ging es wieder auf Tournee. Anläßlich eines Halloween-Konzerts traf Frank Zappa Edgar Varèses Witwe Louise.

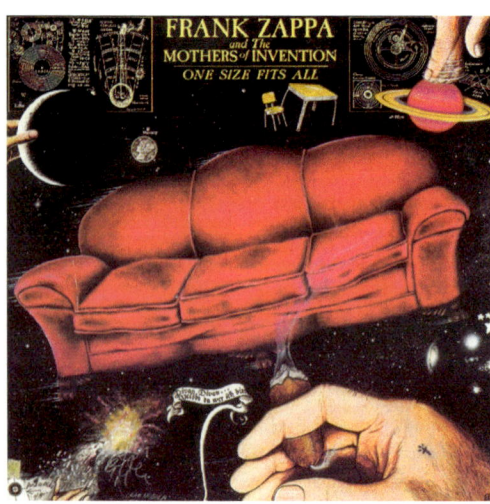

37 ›One Size Fits All‹: Das CD-Cover von 1988

Gegen Ende der Tour brach sich Bassist Tom Fowler die linke Hand und wurde durch Mick Rogers von Manfred Mann's Earth Band ersetzt.

›One Size Fits All‹ war das nächste Album. Es erschien kurz nachdem Zappa seinen Prozeß in England verloren hatte. Er hatte geklagt, weil ihm eine Managerin der Royal Albert Hall 1971 eine Aufführung von ›200 Motels‹ wegen angeblicher Obszönitäten im Libretto untersagt hatte. Die Verhandlung war eine Farce, das Urteil geprägt von juristischer Inkompetenz, Voreingenommenheit und antiamerikanischen Ressentiments. Kein Wunder, daß Frank Zappa anschließend nicht mehr besonders gut auf die Briten zu sprechen war.

Im April und Mai 1975 war Zappa mit dem davor ziemlich abgetauchten Captain Beefheart auf Tournee. Einige Aufnahmen erschienen später auf ›Bongo Fury‹.

›One Size Fits All‹ mischte Studio- und Live-Einspielungen. Die insgeheimen Hits waren ›Sofa No. 1‹, ein Instrumental und ›Sofa No. 2‹, letzteres mit teilweise deutschem Text, sowie ›Inca Roads‹ und ›Florentine Pogen‹. Beefheart spielte Mundharmonika auf ›San Ber'dino‹, das Zappas Jugend-Idol Johnny »Guitar« Watson sang, außerdem noch den Song ›Andy‹. Auch George Duke übernahm einige Gesangsparts. Die Fans stimmten zu und hoben ›One Size Fits All‹ auf Platz 26.

Auf ›Inca Roads‹ benutzte Frank Zappa eine experimentelle Mix-Technik, Xenochronie genannt. Zwei oder mehr Spuren, die nicht zum gleichen Termin aufgenommen worden waren, wurden in einem Mix vereint. Das Cover von ›One Size Fits All‹ strotzte von astronomischen und astrologischen Anspielungen, aber erst auf dem CD-Cover von 1995 steht der kleine Stern Zappafrank an der richtigen Stelle des Universums.

38 Captain
Beefheart mit
Frank Zappa,
ca. 1975

Am 17. und 18. September 1975 wurden in der Royal Hall der UCLA Zappa-Kompositionen wie ›Strictly Genteel‹ oder das längliche ›Bogus Pomp‹ unter seiner Leitung aufgenommen, die 1979 als ›Orchestral Favorites‹ veröffentlicht werden sollten.

Ende September ging die letzte Formation der Mothers Of Invention noch einmal auf Tournee: Napoleon Murphy Brock, Andre Lewis, Roy Estrada, Terry Bozzio und Frank Zappa.

Im Oktober erschien ›Bongo Fury‹, das Dokument einer kurzen US-Tournee im April und Mai, an der Captain Beefheart als Sänger und Mundharmonika-Spieler teilgenommen hatte. Das Album, das Zappa/Beefheart als Verantwortliche auf dem Cover auswies, spiegelte den Konflikt zwischen dem straff arrangierten Material und der Spontaneität des Don van Vliet wider und auf weiten Strecken die mangelnde Flexibilität der Musiker, die nicht genau wußten, wie sie die beiden Extreme unter einen Cowboy-Hut bringen sollten. Beefheart hatte eine gute Zeit, war aber offensichtlich weder das Tempo noch die Organisationsform einer Zappa-Tournee gewohnt, vergaß ständig seine Sachen und mußte ziemlich bemuttert werden. Als Sänger war er genial, aber so laut, daß er sich selbst nicht mehr hörte und man deswegen die Monitore immer lauter einstellen mußte. Manche der Songs, wie ›Debra Kadabra‹ oder das nicht in das Album aufgenommene ›Why Doesn't Someone Get Him A Pepsi?‹, aus dem sich schließlich eine Vorläufer-Version von ›The Torture Never Stops‹ entwickelte, waren Insider-Anspielungen, die auf Don und Franks Jugendfreundschaft beruhten. Zudem enthielt das Album neben dem launigen ›Poofter's Froth Wyoming Plans Ahead‹ und einem richtigen Protest-Song zum Bicentennial, ›200 Years Old‹ einen Dauerbrenner, der vor allem auf Konzerten immer wieder gefordert wurde: ›Muffin Man‹. Zu Recht.

The Muffin Man is seated at the table
In the laboratory of the
Utility Muffin Research Kitchen …

›Muffin Man‹

Das Oberste Gesetz sollte lauten: »Wenn es dir gefällt, ist es super; und wenn es dir nicht gefällt, ist es Mist.«

Frank Zappa (IATAD 211)

Die Tournee 1975/1976 führte nach den US-Gigs nach Europa, insbesondere Skandinavien, und Australien. Sie endete Mitte März in Bilbao. Anschließend trennte sich Frank Zappa von seinem langjährigen Manager Herb Cohen, dem er vorwarf, sich auf seine Kosten bereichert zu haben. Die Auseinandersetzung mit Cohen blockierte auch die Auswertung des juristischen Erfolgs, den Zappa in seinem Prozeß gegen Verve/MGM errungen hatte. Er bekam seine Masterbänder zurück und vereinbarte einen fairen Deal für die künftige Verwertung. Um von Cohen nicht länger behindert zu werden, tourte er von nun an nur noch unter seinem eigenen Namen. Cohen konnte leider die Veröffentlichung von Zappas ›Zoot Allures‹ und, fast noch ärgerlicher, des epochalen Captain Beefheart-Albums ›Bat Chain Puller‹ verzögern. Dies wiederum führte zum endgültigen Bruch im seit langem gespannten Verhältnis der beiden Egozentriker.

Zappa produzierte noch schnell ein Album ausgerechnet für die berüchtigten Lärmer von Grand Funk (Railroad). Es sollte ihr letztes sein, das es in die Charts schaffte.

›Zoot Allures‹ brachte im Aufmacher-Stück zwei Frauen ganz nach vorn: eine Harfenistin namens Lou Ann Neil und die Perkussionistin der Extraklasse, Ruth Underwood, die unter Zappas Fuchtel nolens-volens, wie sie in Interviews berichtete, zur absoluten Perfektionistin geworden war. Dazu kam der wie besessen trommelnde Terry Bozzio.

Es hätte jetzt eigentlich cooler laufen können, tat es aber nicht. Schon die nächste Veröffentlichung brachte neue Konflikte. Zappa war auf der Suche nach einer neuen Firma. Ein Deal mit Capitol kam nicht zustande, weil Capitol wirtschaftlich zu sehr mit Warner Bros. zusammenhing. Also schloß Zappa mit Mercury, das zur Polygram-Gruppe gehörte, einen Vertrag für eine Box mit vier LPs ab, die ›Läther‹ heißen sollte.

Grand Funk (Railroad) waren eine Heavy Rock-Gruppe, ein Power-Trio, das neue Maßstäbe für Simplizität, bluesbasierten Krach und Massen-Appeal setzte. Mark Farner, Don Brewer und Mel Schacher wurden von Kritikern in dem Umfang gehaßt, wie sie von ihren Fans, die sie seit dem ersten Auftritt buchstäblich auf den Schultern trugen, geliebt wurden. Ihre ersten beiden Platten waren Millionen-Seller. Um nicht den Vietnam-Krieg zu finanzieren, legten sie ihr Geld zunächst in Öl-Aktien an. Als sie ihren Irrtum einsahen, rebellierten sie gegen ihren Manager Terry Knight und feuerten ihn schließlich.

Touring Can Make You Crazy. Als Poster unterwegs (1973–1976)

88

Doch Warner Bros. verhinderte das mit dem Argument, daß das musikalische Material identisch sei mit dem geplanten Doppelalbum ›Zappa In New York‹.

Die Veröffentlichung von ›Zappa In New York‹ verzögerte sich um volle fünf Monate. Und schon wieder gab es Ärger. Denn in zwei Stücken hatte Zappa verbal die Grenzen des guten Firmen-Geschmacks überschritten. ›Titties & Beer‹ kannte man und wollte man daselbst auch nicht zur Kenntnis nehmen, und die falsche Homoerotik, die ›Punky Whips‹ thematisierte, fand man widerwärtig. An der Geschichte vom Klistier-Banditen aus Illinois, der Frauen nicht nur ausraubte, sondern auch von rückwärts schändete, konnte man nicht so gut Anstoß nehmen – sie beruhte auf Tatsachen.*

Nur ein kleiner Teil der Original-Pressung gelangte in den Handel und gehört heute zu den teuren und gesuchten Zappa-Sammelstücken. Punky Meadows, der Sänger der Rockgruppe Angel, schrieb später an Zappa, daß er den Song mochte. Dennoch wurde die Veröffentlichung zensiert. ›Punky Whips‹ entfiel und die ›Titties‹ wurden verwässert.

Die nächste Tournee-Band bestand, abgesehen von Terry Bozzio, aus völlig neuen Musikern: Patrick O'Hearn am Baß, der dann von Arthur »Tink« Barrow abgelöst wurde. Tommy Mars und der Österreicher Peter Wolf an den Tasten. Adrian Belew, Gitarre. Perkussionist Ed Mann ersetzte Ruth Underwood, die nach vielen Jahren aufgehört hatte. Als Sänger und Gitarrist kam später noch der junge Ike Willis in die Gruppe. Zappa hatte ihn selbst entdeckt.

Der Film über diese Tournee hieß ›Baby Snakes‹.

Natürlich waren auch neue Alben geplant, aber die gespannte juristische Situation verhinderte das bis 1979.

---

*Der Illinois Enema Bandit hieß Michael Kenyon; er war dreißig Jahre alt, als er gefaßt wurde. Er wurde wegen mehrfachen Raubüberfalls verurteilt, da es im Staat Illinois kein Gesetz gegen die Verabreichung eines Klistiers gibt.

Weitere Materialien für Interessierte

a) Musik

Grand Funk Railroad: ›Good Singin Good Playin‹

The Residents: ›Eskimo 1976–79‹

Kanada – ›Lautspiele der Inuit‹ 1989

›A Native American Odyssey: Inuit To Inea‹ 1998

›Dog Breath‹

›Baby Snakes‹

›Weasels Ripped My Flesh‹

Captain Beefheart u. a. auf
  ›Safe As Milk‹ 1967
  ›Strictly Personal‹ 1968
  ›Trout Mask Replica‹ 1969
  ›Lick My Decals Off, Baby‹ 1970
  ›Mirror Man (live)‹ 1971
  ›Spotlight Kid‹ 1972
  ›Clear Spot‹ 1972
  ›Unconditionally Guaranteed‹ 1974
  ›Bluejeans And Moonbeams‹ 1974

Frank Zappa & Captain Beefheart,
  ›Bongo Fury‹ 1975
  ›Shiny Beast (Bat Chain Puller)‹ 1978
  ›Doc At The Radar Station‹ 1980
  ›Ice Cream For Crow‹ 1982
  ›Grow Fins (rarities 1962–1982)‹ 1999

b) Literatur

Benjamin Lee Whorf, ›Language, Thought, and Reality‹ (dt. ›Sprache-Denken-Wirklichkeit‹ 1984) Seine Hypothesen und Behauptungen, die Eskimo-Sprache und ihre vielfältigen Bezeichnungen für Schnee betreffend, waren falsch, aber anregend. Siehe dazu vor allem:

Geoffrey K. Pullum, ›The Great Eskimo Vocabulary Hoax, and Other Irreverent Essays on the Study of Language‹ 1991

David Morrison / Georges-Hebert Germain, ›Eskimo. Geschichte, Tradition und Leben in der Arktis‹

Heinz Barüske, ›Eskimo-Märchen‹

Hermann Sülberg/Ursel Maiorana, ›Eskimos‹ 1999

Knud Rasmussen, ›Die Gabe des Adlers. Eskimomythen aus Alaska‹ 1988

Gaetano Benedetti/Louis Wiesmann, ›Ein Inuk sein. Interdisziplinäre Vorlesungen zum Problem der Identität‹ 1986

O. T. Mason, ›Bogen, Pfeile und Köcher der nordamerikanischen Indianer und Eskimo‹ 1999

John Maressa, ›Maquiq, the Eskimo sweet Bath‹ 1986

Knud Rasmussen, ›Der Sängerkrieg. Eskimosagen aus Grönland‹ 1991

James H. Barker, ›Always Getting Ready, Upterrlainarluta : Yup'Ik. Eskimo Subsistence in Southwest Alaska‹ 1993

D. Caroline Coile, ›American Eskimo Dogs: Everything About Purchase, Care, Nutrition, Breeding, Behavior, and Training (A Complete Pet Owner's Manual)‹ 1995

H. David Brumble, ›An Annotated Bibliography of American Indian and Eskimo Autobiographies‹ 1981

Normee Ekoomiak, ›Arctic Memories‹ 1990

Hans Himmelheber, ›Eskimo Artists (Fieldwork in Alaska, June 1936 Until April 1937)‹ 1993

Susan Pearce, ›Eskimo Carving‹ 1986

Ann Fienup-Riordan, ›Eskimo Essays : Yup'Ik Lives and How We See Them‹ 1990

Kate Mosse, ›Eskimo Kissing‹ 1996

Gunnard Landers, ›Eskimo Money‹ 1999

Derek C. Hutchinson, ›Eskimo Rolling‹ 1999

c) Filme

›Nanook of the North‹ 1921

›Justice of the Far North‹ 1925

›Frozen Justice‹ 1929
›Sin Sister‹ 1929
›Eskimo‹ 1933
›Man of Two Worlds‹ 1934
›Arctic Manhunt‹ 1949
›Red Snow‹ 1952
›Savage Innocents‹ 1959
›High Arctic: Life with the
    Northernmost Eskimos‹ 1963
›Joniko and the Kush Ta Ka‹ 1969
›Fisherman and the Fish and the
    Ice Witch‹ 1970
›Legend of Amaluk‹ 1971
›True Story of Eskimo Nell‹ 1975
›Electric Eskimo‹ 1982
›Die Eskimos. Nomaden der
    Eiswüste‹ 1992
›On Deadly Ground‹ 1994

d) Zitate

Peekaboo The Coasters, Frank
    Zappa et alii.

Ein Richter (im Fall Zappa vs. Royal
    Albert Hall): Ist ein Groupie ein
    Mädchen, das in einer Rockband
    mitspielt?

Zappa: Nein. Ein Groupie ist ein
    Mädchen, das mit den Mitglie-
    dern einer Rockband spielt.
    (FZW 81)

e) Zappalog

›Lexikon des Internationalen Films.
    Das komplette Angebot in Kino
    und Fernsehen seit 1945‹ 1987 ff.
    Davon auch diverse CD-ROM-
    Editionen, jährliche Updates.
›Cinemania‹ CD ROM
›Taste Mate‹ CD ROM
›Halliwell's Interactive Film Guide‹
    CD ROM
Frank Trebbin, ›Der Schreck sitzt
    neben Dir‹
Senn/ Johnson, ›The Fantastic
    Cinema Subject Guide‹
Muller/Faris, ›Grindhouse‹ 1996
Robin Cross, ›The Big Book Of B
    Movies or How Low Was My
    Budget‹ 1981

John McCarty, ›The Sleaze Merchants.
    Adventures in Exploitation
    Filmmaking‹ 1995
Everitt/Schechter, ›The Manly
    Movie Guide‹ 1997
›Kings Of The Bs‹
Kurt Scheel, ›Ich und John Wayne‹
›Tilch Rock Archive‹ CD ROM
MID CD ROMs
Graves/Schmidt-Joos/Halbscheffel
    ›Rock-Lexikon‹ 1998 (Diverse Aus-
    gaben)
›The Trouser Press Guide To 90s
    Rock‹
›All Music Guide‹
›The Green Book. Songs by Subject‹
    4th Edition
Irwin Stambler, ›The Encyclopedia
    Of Pop, Rock And Soul‹
Lillian Roxon, ›Roxon's Rock Ency-
    clopedia‹
Phil Hardy & David Laing, ›The Da
    Capo Companion To 20th Century
    Popular Music‹
›The Penguin Encyclopedia Of
    Popular Music‹
Hanif Kureishi/Jon Savage (Ed.),
    ›The Faber Book Of Pop‹
M. C. Strong, ›The Great Rock Disco-
    graphy‹
Colin Larkin, ›The Virgin Encyclope-
    dia Of Popular Music‹, Concise
    Edition 1997

Dank an Videodrom, Berlin, jpc,
Georgsmarienhütte und
amazon.com/de/uk
für zuverlässige Lieferung!

Joe's Garage über Franks Keller.
Die mittleren Jahre

Von September bis Dezember 1978 tourte Zappa durch die USA. Neu in der Band waren Arthur Barrow, Baß und Gesang, sowie Vinnie Colaiuta am Schlagzeug. Anfang 1979 flog Zappa nach London, um dort mit dem Geiger L. Shankar das nicht allzu inspirierte Album ›Touch Me There‹ aufzunehmen. Er hatte aber hierbei und anläßlich einiger Konzerte die Gelegenheit, seine Vorurteile den Briten, und insbesondere britischen Musikjournalisten gegenüber bestätigt zu sehen.

Am 3. März erschien endlich das neue Album ›Sheik Yerbouti‹, das Zappa im Araberkostüm zeigte und sich im Titel auf einen Hit von K. C. And The Sunshine Band bezog, ›Shake Your Booty‹, der auf dem ebenfalls neuen Label Zappa Records erschienen war. Es war schon sein sechsundzwanzigstes! Vielleicht weil er es gleich im ersten Stück wagte, den britischen Rock-Künstler Peter Frampton zu parodieren, der mit ›I'm In You‹ einen tief philosophischen Hit gehabt hatte, entleerte der notorische Drogenkopf und Schund-Journalist Nick Kent sein haßerfülltes Hirn in einem schwurbelig-grobschlächtigen Verriß, der in der wohlmeinenden, aber leider durch einen Druckfehler gekillten Pointe gipfelte:

»Buy this album and you can check you(!) arsehole-rating.«
Es gelang ihm aber trotz seines eminenten Wortwitzes nicht, all die verderbten und perversen Anhänger des langnasigen Anti-Gurus zu missionieren. Sie wollten lieber lustige Arschlöcher bleiben und aufregende Musik hören. Das Album er-

---

Der aus Süd-Indien stammende **L. Shankar** spielt Geige, komponiert und singt. Der promovierte Ethnomusikologe hatte von Anfang an keine Berührungsängste der zeitgenössischen Popmusik gegenüber. Er spielte sowohl traditionelle Musik als auch Rock mit The Epidemics. Unter seinen Kooperationen sind die mit Peter Gabriel, Lou Reed, Yoko Ono und den Talking Heads bemerkenswert. Am bekanntesten dürfte er als Mitbegründer von Shakti sein. Mit John McLaughlin spielte er drei Alben ein. Seine Solo-Alben waren ›Who Is To Know‹ und ›Touch Me There‹, letzteres von Zappa produziert.

reiche Platz 21 in den USA und Rang 32 in England; die ausgekoppelte Single ›Dancing Fool‹ erreichte Rang 45. Der Song hatte zumindest einen autobiographischen Bezug, denn Zappa hatte von dem britischen Attentat ein leicht verkürztes Bein davongetragen.

Der Superhit aber kam ungefähr ein Jahr später in Norwegen und Deutschland mit dem Disco-Knaller ›Bobby Brown‹. In Deutschland war der Song fünfzehn Wochen lang in den Top Ten und kam bis auf Rang 4.

Das Album enthielt außerdem eine wunderbare Bob Dylan-Parodie von Adrian Belew. Pikanterweise war Dylan der siegreiche Konkurrent, als Zappa die erste Grammy-Nominierung in der Sparte bester Rock-Sänger erhielt. Und das für ein Machwerk wie ›Gotta Serve Somebody‹!

Die ständigen Tourneen forderten allmählich ihren Tribut. Zappa sagte erst eine Fernseh-Show ab, die an einem freien Tag zusätzlich gedreht werden sollte, und schließlich den ganzen Tournee-Sommer. Seine Musiker gingen schnell eigene Wege. Warren Cucurullo, Patrick O'Hearn und Terry Bozzio gründeten mit dessen Frau Dale zusammen die nicht erfolglose Combo Missing Persons, die bis 1988 durchhielt. Cuccurullo, wie er sich jetzt schrieb, landete 1990 bei Duran Duran.

Zappa steckte seine restliche Energie in die langfristig geplante Unabhängigkeit von der Platten-Industrie. Er ließ sich ein Heimstudio bauen, die Utility Muffin Research Kitchen (UMRK), die am ersten September 1979 fertiggestellt wurde.

Sein nächstes Album, ›Joe's Garage‹, hatte er ab April noch in kommerziellen Studios aufzunehmen begonnen. Als klar wurde, daß sich die Fertigstellung verzögern würde, produzierte er die Single ›I Don't Wanna Get Drafted‹. Dale und Terry Bozzio übernahmen die Gesangsparts. Als sie schließlich im April 1980 erschien, verfehlte sie die Top 100 knapp auf Rang 103.

One of my legs is shorter than
    the other,
'N both my feets too long –
            ›Dancing Fool‹

39 Das Cover von ›Joe's Garage‹ ▶

Am 13. Juni hätte ein Groß-ereignis in Wien mit dem dortigen Symphonie-Orche-ster stattfinden sollen. Aber auch dieses schlecht organi-sierte und inkompetent ge-managte Spektakel fand schließlich nicht statt und be-dingte die nächste finanzielle

> Der Unterschied zwischen klas-sischen Musikern und Rockmu-sikern ist der, daß die klassischen Musiker sich nur fürs Geld und für ihre Rente interessieren; die Rockmusiker dagegen interessie-ren sich nur fürs Geld und fürs Vögeln.
>
> *Frank Zappa (FZW 72)*

Katastrophe. Frank hätte es längst wissen müssen, denn fast alle seine orchestralen Unternehmungen waren an der Geld-gier der Hochkulturisten gescheitert.

Nimmt man dazu die bekannte Abneigung Frank Zappas gegen schmalzige Liebes-Schnulzen, hat man eine einfache Er-klärung für die Häufigkeit sexueller Anspielungen in seinen Texten. Sex und Rock'n'Roll gehörten seiner Ansicht nach ebenso zusammen wie Drogen und Fast Food.

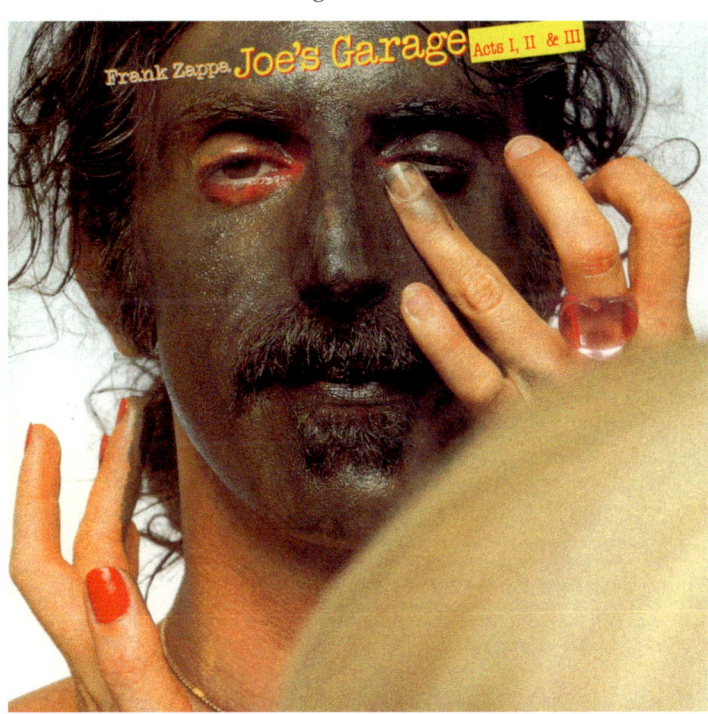

> Handle sexuell, so kannst du dich befreien.
>
> *Frank Zappa*

> Ich habe Spaß an dem, wozu mich meine Hormone treiben.
>
> *Frank Zappa*

Außerdem war Sex für Zappa ein, wenn nicht das Mittel zur menschlichen Emanzipation überhaupt. Schon aus diesem Grund versuchten nicht nur seiner Meinung nach alle repressiven Kräfte aus Politik, Wirtschaft, Erziehung, Religion und Militär sexuelle Aktivitäten zu unterdrücken oder mindestens zu zensieren.

Zensur, Musik und Sex waren denn auch wieder die Themen der Rock-Oper ›Joe's Garage‹, die insgesamt drei LPs umfaßte. Sie erzählte die Geschichte des Gitarristen Joe, der in einer nicht allzu fernen Zukunft in einer Gesellschaft, in der totales Musik-Verbot herrscht, gegen den allmächtigen Zensor und Big Brother, der bei Zappa ›The Central Scrutinizer‹ hieß, ankämpfte.

Das wunderbar paranoide Werk enthielt auch wieder einige Titel, die den Zensor der Gegenwart am Schwanz packten. Keineswegs eingeschüchtert von den Protesten einer jüdischen Kulturorganisation gegen den Song von der ›Jewish Princess‹ auf ›Sheik Yerbouti‹ waren diesmal im ökumenischen Rundumschlag die ›Catholic Girls‹ an der Reihe.

> Well the years was rollin' by –
> »Heavy Metal« and »Glitter Rock«
> Had caught the public eye –
> Snotty boys with lipstick on
> Was really flyin' high
> 'N they got that »Disco« thing,
> 'N »New Wave« came along –
> 'N all of a sudden I thought the time
> Had come for *that old song*
> We used to play in Joe's Garage
> And if I am not wrong
> You soon will be dancin' to
> Catholic Girls
> (With a tiny moustache)
> Catholic Girls
> (Do you know how they go)
> Catholic Girls
> (In the rectory basement)
> FATHER RILEY'S a fairy, but it don't bother MARY!
>
> ›Catholic Girls‹

Neben den Katholiken traf
es auch die Scientologen, die
Zappa in der Figur des L. Ron
Hoover verspottete, der seine

Now, the Reggae Version: Hey,
for the People in Third World.
›A Little Green Rosetta‹

›Appliantology‹ propagierte. Publikumslieblinge wurden freilich ›Wet T-Shirt-Night‹ und ›Why Does It Hurt When I
Pee?‹.

Freunde und Mitmusiker wollen in diesen Jahren bemerkt
haben, daß Zappas Witz gemeiner, verbiesterter geworden
war. Schärfer und zielgenauer stimmt eher. Zappa war ohnehin nie unpolitisch gewesen. Er verachtete Politiker jeder
Art und drückte sich lieber mit musikalischen Mitteln aus,
war aber immer bereit, in gesellschaftlichen Fragen Stellung zu
beziehen. ›Joe's Garage‹ war alles andere als optimistisch und
nahm in mancher Hinsicht totalitäre Tendenzen der aufzie-
henden Reagan-Ära vorweg.

Gemessen an seinem schwierigen Inhalt lief ›Joe's Garage‹
recht gut. Insbesondere, wenn man bedenkt, daß es der Plattenindustrie zunehmend schlecht ging. 1979 wurden nur noch
42 Alben mit Platin und 112 mit Gold ausgezeichnet. 1978 waren es noch 112 bzw. 193 gewesen. Ry Cooder nahm fast unbe-
merkt das erste digitale Album auf, ›Bop Till You Drop‹.
Kaum jemand bemerkte, welche technische Revolution sich
da durch die Hintertür einschlich. Disco ging allmählich ein.
In der Rockmusik breitete sich gepflegte Langeweile aus. Der
Anstoß, den Punk gebracht hatte, verebbte genauso schnell
wie der des Reggae, vor allem, als man nach und nach die
ideologischen Implikationen hinter dem Rastafari-Habit er-
kannte.

Vor dem Hintergrund der Carter-Ära gewinnt ›Joe's Garage‹
im nachhinein eher noch an Profil. Auch produktionstech-
nisch ging ›Joe's Garage‹ einen Schritt weiter. So war zum

Einige Kritiker haben behauptet, daß es sich bei meinem Werk um eine
perverse Form des »politischen Theaters« handelt. Zwanzig oder dreißig
Prozent meiner Texte gehen vielleicht in diese Richtung – der Rest meiner Aktivitäten ließe sich wesentlich treffender als »Amateuranthropolo-
gie« bezeichnen.

Frank Zappa (FZIAM 161)

Beispiel kein Gitarrensolo außer dem grandiosen ›Watermelon In Easter Hay‹ authentisch. Alle waren wieder xenochron, das heißt, sie stammten aus Zappas Ampex-Gitarre, wie die Techniker sein Schnipsel-Archiv nannten. Mit Hilfe eines Oszillators wurden die Tonarten angepaßt und Soli aus verschiedenen Konzerten in die Studiobänder eingespielt. Zappa hatte dieses Verfahren inzwischen bis zur Vollendung perfektioniert.

In seinem Selbstverständnis war er ein multimedial arbeitender Komponist, der trotz mancher Widerstände drei Musik-Stile verband: Rock, Jazz und Neue Musik. Er ging von einem eindeutigen, fast bürgerlichen Werk-Begriff aus, der einer konzeptionellen Kontinuität unterlag und sich in den Kategorien Projekt/Objekt manifestierte.

»Projekt/Objekt ist ein Begriff, den ich in verschiedenen Medien benutzt habe, um das Gesamtkonzept meiner Arbeit zu beschreiben. Jedes Projekt...

> Be a CREW SLUT!
> Just follow the magic footprints!
> ›Crew Slut‹

ist Teil eines größeren Objekts... Ein Beispiel für das verbindende Material im Projekt/Objekt: Ein Schriftsteller entwickelt eine Figur. Wenn es eine gute Figur ist, entwickelt sie ein Eigenleben. Warum sollte sie nur einmal verwendet werden? Sie kann jederzeit in einem zukünftigen Roman wieder auftauchen... Im Fall des Projekts/Objekts findet man vielleicht hier etwas Pudel, dort etwas oralen Sex etc. etc. Ich bin nicht von Pudeln oder oralem Sex besessen; diese Begriffe (und andere ähnliche Belanglosigkeiten) sowie die Bilder und musikalischen Themen, die immer wieder in den Alben, Interviews, Filmen, Videos (und diesem Buch) auftauchen, haben den einzigen Zweck, das Gesamtkonzept abzurunden.« (FZIAM 157/158)

Komponieren ist eine Art Organisationsprozeß und der Architektur sehr ähnlich. Wer diesen organisatorischen Prozeß in Begriffe fassen kann, ist »Komponist« – in jedem gewünschten Medium. Man kann »Videokomponist« sein, »Filmkomponist«, »Choreographiekomponist«, »Sozialkomponist« – alles. Gib mir den Stoff und ich werden ihn organisieren. Das ist mein Job.

Frank Zappa

40 Wieder einmal in
einer anderen Rolle …

1979 wurde Zappa noch einmal Vater. Diva erschrie sich mit
kräftiger Stimme ihren Namen, der eigentlich »Clint Eastwood«
hätte sein sollen. Gut, daß der Spaß-Workaholic wenigstens ab
und zu eine Pause machte, um sich einen Spielfilm anzuschauen.

Er hatte auch selbst schon wieder einen gemacht. An seinem neununddreißigsten Geburtstag hatte ›Baby Snakes‹, der
fast dreistündige Tourneefilm in New York City Premiere.

›Baby Snakes‹ fiel bei Film- wie Rockkritikern als Ego-Trip
durch. Nicht selten wurde er mit Dylans ebenfalls unverstan-
denem ›Renaldo And Clara‹ verglichen, wahrscheinlich nur
der Länge wegen. ›Baby Snakes‹ hatte erstaunliche Animati-
ons-Sequenzen mit Tonfiguren, die von Bruce Bickford stammten, einem verschrobenen Genie, das Zappa liebgewonnen
hatte, vermutlich, weil Bickford ähnlich manisch wie er selbst

Zu Hause sieht mein Arbeitstag so aus: Solange ich nicht probe, verbringe
ich ungefähr sechzehn, achtzehn Stunden am Tag hier unten (im Arbeits-
raum) und schreibe Musik; ich tippe, arbeite an Filmen … und wenn ich
nicht hier bin, arbeite ich meistens vierzehn bis sechzehn Stunden im Studio, sieben Tage in der Woche, bis die Proben losgehen. Das einzige, was
ich als lohnende Unterbrechung betrachten würde, wäre, mich hundert-
prozentig auf einen Spielfilm zu konzentrieren.

Frank Zappa (FZW 92)

Ich mache ständig Musik. Und ich mag Filme ... Alle hängen mir diesen Begriff Workaholic an – aber das stimmt nicht. Ein Workaholic ist einer, der für eine Versicherungsgesellschaft arbeitet, für eine Bank oder ein Maklerbüro, und der abends seine verdammte Aktentasche mit nach Hause bringt, um Karriere zu machen. Aber ich bin ein absoluter Glückspilz. Ich habe einen Job, der mir Spaß macht, Technik, die mir bei der Arbeit hilft, und ich arbeite gerne lang und viel ... Wenn ich müde bin, gehe ich schlafen, aber wenn ich aufwache, gehe ich wieder an die Arbeit ... Ich arbeite ausgesprochen gerne ... Ich hasse Feiertage (lacht). Ich achte sogar darauf, daß ich an Feiertagen besonders hart arbeite ... Ich bin kein Tourist. Ich reise nicht zum Vergnügen. Ich nehme keinen Urlaub. Ich gehe bloß weg, wenn ich etwas zu erledigen habe.

Frank Zappa (FZW 90/91)

sein Konzept verfolgte. Zappa unterstützte eine weitere filmische Dokumentation, ›The Amazing Mr. Bickford‹. Die Backstage-Aufnahmen zu ›Baby Snakes‹ waren im Vergleich zu ›200 Motels‹ nicht besonders aufregend. Die Bandmitglieder waren als Darsteller vor allem in längeren Passagen überfordert. Der Film, der mit großem Aufwand auch in Europa promotet wurde, verschwand relativ schnell aus den Kinos und ward seither kaum jemals wieder gesehen.

Ich erhebe nicht den Anspruch, ein Dichter zu sein. Meine Texte dienen allein der Unterhaltung – und sind nicht zur inneren Anwendung gedacht. Einige sind absolut bescheuert, einige sind etwas weniger bescheuert und ein paar sind sogar komisch. Von den abfälligen politischen Bemerkungen abgesehen, die mir verdammt viel Spaß machen, würde es diese Texte überhaupt nicht geben, wenn wir nicht in einer Gesellschaft lebten, die nichts für Instrumentalmusik übrig hat – wenn sich also jemand seinen Lebensunterhalt in den USA als Musiker verdienen will, muß er seinen Sound mit einer Stimme garnieren.« *Frank Zappa (FZIAM 207/208)*

Weitere Materialien für Interessierte

a) Musik

Bob Dylan, Das Gesamtwerk
Peter Frampton, Das Gesamtwerk
Donna Summer, Das Gesamtwerk
Milli Vanilli, Das Gesamtwerk
K. C. And The Sunshine Band,
  ›Shake Your Booty‹
Ry Cooder, ›Bop Till You Drop‹
Sheik Yerbouti (Name einer
  Kapelle aus dem Hunsrück,
  die sich auch an Zappa-Titeln
  versuchte)
Saturday Night Fever OST
Duran Duran, u. a. ›Decade‹, ›The
  Wedding‹
Missing Persons, ›Spring Session M‹
  1982, ›Rhyme And Reason‹ 1984,
  ›Colours In Your Life‹ 1986

b) Film

Clint Eastwood, Das Gesamtwerk
John Badham, ›Saturday Night
  Fever‹ 1977
J. Robert Wagoner, ›Disco Godfat-
  her‹ (Rudy Ray Moore) 1999
Lamar Card, ›Disco Fever‹ 1982
Bruce Bickford, ›The Amazing
  Mr. Bickford‹
Bob Dylan, ›Renaldo And Clara‹
  1978
Ronald Reagan, Sport-Reporter,
  Schauspieler, Gouverneur des
  Staates Kalifornien, US-Präsident.
  Erste Hauptrolle in Sam Wood,
  ›King's Row‹ 1942. Filme u. a.:
  ›Cowboy from Brooklyn‹ 1938,
  ›Hell's Kitchen‹ 1939, ›Bedtime
  for Bonzo‹ 1951, ›The Last Out-
  post‹ 1952, ›Hellcats of the
  Navy‹ 1957, ›The Killers‹ 1964

c) Lektüre

Julie Burchill, ›Verdammt – ich
  hatte recht. Eine Autobiogra-
  phie‹ 1998 e, 1999 dt.
Julie Burchill über Nick Kent:
  »Er ist ein Mittelklasse-Wichser,
  Junkie und Freak obendrein;

Gerüchte besagen, daß Keith
Richards ihm mal nach einem
besonders üppigen Stoffgelage
ausgiebig auf die Jacke gekotzt
und Kent sie nie wieder abge-
waschen hat. Später sinkt sein
Ansehen dauerhaft auf Null, als
er mehrfach eine unbekannte
neunzehnjährige Paula Yates mit
ins Büro bringt, weil er und
Richard Hell angeblich mit ihr
schlafen.« Burchill, S. 148/149

d) Zitate

»Ich bin nur ein einfacher Erdnuß-
farmer.« Jimmy Carter
»Wir treten jetzt in eine neue Ära
ein, in der die Entwicklung des inneren Selbst die wichtigste Aufgabe ist. Wir müssen in der Lage sein,
mit allem zu improvisieren – einem
Vogel, einer Socke, einem Styropor-
becher! Auch das kann Musik sein.
Alles kann Musik sein.« Biff Debris
in ›Uncle Meat‹
»Ein Mensch mit Rhythmusgefühl
kann in eine Fabrik gehen und
den Maschinenlärm als Komposition hören. Wenn wir dieses Konzept auf Licht, Benehmen, Witte-
rungsbedingungen, Mondphasen,
auf einfach alles ausweiten (ganz
gleich, ob es nun ein Rhythmus ist,
den man hören, oder ein Rhythmus,
den man wahrnehmen kann, beispielsweise die Veränderung von
Farben im Lauf eines Tages oder
den Wechsel der Jahreszeiten),
dann kann alles als Musik konsu-
miert werden.« Frank Zappa, ›I Am
The American Dream‹, S. 181

e) Zappalog

Filmschauspieler International
  Lexikon 1995
Frank Laufenbergs Rock- und
  Pop-Lexikon 1994

Dancing Fools Don't Wanna Get Drafted.
Die Hits der späten Jahre

1980 war ein mieses Jahr. John Lennon wurde erschossen. Ronald Reagan und die Republikaner übernahmen die USA. Zappa ging das ganze Jahr auf Tournee und brachte nur eine Single heraus. Mainstream-Rock-Gruppen wie Fleetwood Mac oder Pink Floyd dominierten die Charts, doch am Horizont tauchte auch schon Michael Jackson auf. Das Elend hatte aber schon lange vorher begonnen.

»Die Album-Künstler – im Gegensatz zu den Single-Stars in der Popmusikbranche – hatten sich zu einer ansehnlichen kulturellen Elite gemausert, in vielen Fällen allerdings um den Preis, daß der Höhenflug, den viele von ihnen durchlebten, von einem gerüttelt Maß an Snobismus durchsetzt war ... Dessenungeachtet waren sie zu einer Elite von Superstars aufgestiegen, deren Alben nicht nur von einer neuen Gattung von Rockkritikern ernstgenommen wurden, sondern sich darüber hinaus oft millionenfach verkauften und den Künstlern Gewinne einbrachten, die mittlerweile höher waren als alles, was jemals zuvor in der Schallplattenindustrie an Tantiemen erzielt worden war. Allmählich konnten die Früchte der goldenen Jahre in Form von Geld geerntet werden. Die Rockstars trieben sich nicht mehr in schäbigen Clubs herum, sondern erwarben nun Landsitze, züchteten Rennpferde und ließen in ihren Konzertverträgen genau festlegen, welche Temperatur in ihren Garderoben zu herrschen hatte. In den Studios wurden Extravaganzen dieser Art zum Normalzustand.« (FZS 146/147) Das Album ›Tusk‹ von Fleetwood Mac hatte eine Million Dol-

1980. Im Weißen Haus sitzt noch der Verlierer Jimmy Carter. Bald wird Ronald »Star Wars« Reagan übernehmen. Dann wird nach-, voraus- und wiederaufgerüstet, was das Zeug hält. Schließlich müssen die Versprechungen dem militärisch-industriellen Komplex gegenüber gehalten werden. Pershings und Neutronenbomben sind die neuen Spielzeuge der Dr. Seltsams in der NATO. Aber die Kids stürzen sich auf die neuen elektronischen Spielzeuge von Apple und Tandy, mit denen sie sich wie im Film ›Wargames‹ in das ARPA-Net hacken können, aus dem später das zivile Internet gebastelt wird.

lar an Studiokosten verschlungen und damit einen neuen Rekord aufgestellt. Die Botschaft von den kleinen, intelligenten Einheiten (Robert Fripp), hatte die Industrie noch lange nicht erreicht. Sie zeigte sich absolut unfähig, ihre Strukturen zu ändern und setzte auf Produkt-Innovationen wie die CD, die 1982 marktreif wurde. Das zog sie scheinbar an den eigenen Haaren aus dem Sumpf. Aber nachdem jeder Konsument die neuen Geräte erworben und seine Vinyl-Sammlung gegen die definitiven, digitalen Datenträger ausgetauscht hatte, von denen er nun ohne größere Schwierigkeiten zahllose Kopien ohne Qualitätsverlust ziehen konnte, war vorerst Schluß mit dem lustigen Goldrausch. Die fast zeitgleiche Einführung der Personal-Computer stärkte die Macht der Anwender, eine Entwicklung, die mit dem heute selbstverständlichen CD-Brenner, der DVD und Verfahren wie MP3 noch lange nicht beendet ist.

Parallel zu den Massenmärkten existierte eine ökonomisch sich langsam konsolidierende Alternativ-Szene, die sich ihre eigenen Produktions-, Konsumptions- und Distributionsmittel und -wege geschaffen hatte. Das Ziel war primär dasselbe: mit Musik Geld zu verdienen. Doch sollte das erwirtschaftete Geld möglichst in einen unabhängigen Kreislauf eingespeist werden. Gruppen wie The Grateful Dead oder KRASS, sogenannte Indie-Labels wie Schneeball oder SST und unabhängige Vertriebe wie Rec Rec, EFA oder Indigo praktizierten diese Politik zumindest zeitweise.

Das Star-System konnte nun nur noch über die Fernsehkanäle der privaten Sender aufrechterhalten werden. MTV, gegründet 1981, übernahm die Vorreiter-Rolle und hatte bald die wichtigsten Positionen für den weltweiten Massenmarkt inne.

Wie immer reagierten die Aliens in Nadelstreifen, die, wie John Carpenter in seinem Film ›They Live!‹ Ende des Jahr-

41 Ein Computer der frühen Generation

zehnts dann überzeugend bewies, längst die Schlüsselpositio-
nen der Kulturindustrie übernommen hatten, auf die neuen
Entwicklungen und die veränderte Situation vampiristisch.
Die talentiertesten Schreiber der Fanzines wurden ebenso ge-
kauft wie die besten DJs der Piraten-Sender oder diejenigen
Gruppen der Alternativ-Szene, die eigentlich immer schon
auf die Hitparade geschielt hatten, wie etwa die vorwitzigen
Schlager-Recycler der Neuen Deutschen Welle.

Mit dem Niedergang der Discotheken, der erst durch die
Einführung neuer Drogen gestoppt wurde, die an die Verwendung billiger Alt-Technologie gekoppelt wurden (Ghetto-
blaster, Plattenspieler zum Scratchen, Vinylplatten als Sample-
Archive zur Ausbeutung fremder Ideen, die als Zitierkunst
daherkam), blühte vorerst auch der Konzert-Betrieb wieder
auf. Kleine Clubs brachten schließlich jede bessere Garagen-
Band aus der amerikanischen Provinz nach Europa, die
großen Hallen, die Stadien und Festivals teilten sich die er-
fahrenen Rock-Kapitalisten untereinander auf.

Zappa hatte die Entwicklung wohl vorausgesehen und sich
mit dem UMRK und seiner eigenen Firma die wichtigsten
Produktionsmittel geschaffen. Für die weltweite Distribution
freilich war er immer noch auf die Kooperation mit Musik-
konzernen wie CBS oder Phonogram angewiesen.

Das Jahr 1980 verbrachte Zappa auf Welt-Tournee. Dazwi-
schen veröffentlichte er nur die eine Single, ›I Don't Wanna
Get Drafted‹, die er schon im Jahr zuvor aufgenommen hatte.
Sie hielt sich immerhin sechs Wochen lang in den Charts. Un-
ter den Musikern fiel vor allem der spätere Heavy-Metal-Star
Steve Vai auf, der von Juli 1981 bis Oktober 1982 mit von der
Partie war.

Zappa selbst hatte sich über die Jahre hin zu einem von seinen Fans gefeierten Virtuosen der elektrischen Gitarre entwik-

Dem scheidenden Präsidenten **Carter**
zum Trotz werden im Iran die An-
gehörigen der amerikanischen Botschaft monatelang von den **Ayatollahs**
als Geiseln gefangengehalten. Ein
spektakulärer Befreiungsversuch
scheitert kläglich. Erst am letzten Tag
von Carters Amtszeit werden die
Geiseln freigelassen. In Deutschland
will **F. J. Strauß** Kanzler werden,
bringt es aber nicht. **Rechtsradikale
bomben** auf dem Oktoberfest –
13 Tote. In **Brokdorf** und **Gorleben**
demonstrieren Menschen gegen
Atomkraft. Die Stimmung wird immer mieser, die **Neue Deutsche
Welle** immer lustiger. Im Dezember
wird **John Lennon** ermordet.

kelt. Dieser Tatsache zollte ein Dreifach-Album Tribut, das nur im Versand zu bekommen war und im Mai 1981 erschien; die einzelnen Alben trugen die Titel ›Shut Up 'N Play Yer Guitar‹, ›Shut Up 'N Play Yer Guitar Some More‹ und ›Return Of The Son Of Shut Up 'N Play Yer Guitar‹. Es handelte sich dabei ausschließlich um Gitarren-Soli aus den letzten zwei Jahren, die Zappa als inventiven und kompetenten Improvisator in den Genres Rock und Jazz-Rock auswiesen.

Damit nicht genug, erschien auch noch ein reguläres Doppel-Album, ›Tinseltown Rebellion‹, das man durchaus als Nachtrag zu ›Joe's Garage‹ begreifen konnte. Alle Alben erschienen unter der neuen Marke Barking Pumpkin Records, ein Hin-

42   Zappa schweigt und spielt seine
Gitarre

Mikael Agardsson has compared the 1995 CD to the Barking Pumpkin PW2 37336 vinyl: »For the Young Sophisticate« is 03:13 on the vinyl and 02:36 on the CD. The applause after the song has been completely deleted from the CD. »Pick Me, I'm Clean« is 05:37 on the vinyl and 05:00 on the CD. The lyrics have nine little illustrations in green, yellow and blue tone. In the CD package, these pictures are all printed in black and white. The lyrics were printed on the LP on a light orange background; on the CD, the background is white.

(…) Misprint: A fantastically funny misprint was auctioned off by »ass-neck« on ebay in April 2000: Everything about this CD checks out properly; the CD, the insert are all as they should be. When you play the CD you will hear 60 minutes of BIRD SOUNDS! This is the only copy that I know of with this error. It's made in the USA by Ryko.

(Aus ›A Completist's Guide to Regular Frank Zappa Records‹.
Zu ›Tinseltown Rebellion‹)

weis, daß der Science-Fiction-Leser Zappa möglicherweise nicht bloß immer Cordwainer Smith, sondern auch Kurt Vonnegut las, in dessen Erzählungsband ›Palm Sunday‹ die Rechercheure des Fanzines ›T' Mershi Duween‹ einen bellenden Hund namens Pumpkin entdeckten.

Das war symptomatisch für einen immer nerdhafter werdenden Zugang zu Zappas Werk. Der Meister selbst unterstützte das in den folgenden Jahren mit seiner Veröffentlichungspolitik, mit seinem Hang zur Umbenennung und ständigen Überarbeitung älterer Stücke. Die neu entstehende Kaste jungakademischer Zappa-Philologen stürzte sich mit Begeisterung in das chaotische Zappa-Rhizom, um sich darin zu verlieren. Und wie um zu beweisen, daß viele noch viel mehr mitschneiden konnten als einer, kursierten zunehmend illegale Mitschnitte von Konzerten auf Bootlegs. Bald sollten es Hunderte, zuletzt fast tausend sein.

Tourneen machten somit auch finanziell gesehen Sinn. Sie waren Werbung und Einnahmequelle zugleich. Allerdings

43 Das Barking Pumpkin Records-Label

trug Zappa als Allein-Unternehmer auch das gesamte Risiko. Dies sollte sich immer wieder bei seinen Kooperations-Versuchen mit klassischen Orchestern als verhängnisvoll erweisen. Ein Abenteuer mit den unseriösen sitzenden Holländern des Hague Residentie Orchesters kostete ihn satte 250 000 Dollar, ohne daß auch nur eine Note öffentlich gespielt worden war.

1981 wurde ›Baby Snakes‹, der Film, in Paris ausgezeichnet. Im September erschien ein inhaltlich starkes neues Album, das die satirische Linie intelligenter Unterhaltung fortführte, die Zappa in den folgenden Jahren ein neues, wenn auch nicht immer angenehmes jugendliches Publikum zuführen sollte. Diese erste ausschließlich im massenmedialen Zeitalter sozialisierte Jungkonsumer-Generation stieß sich mitnichten an der zunehmenden Drastik der Zappaschen Texte. Sie kam, um sich zu amüsieren. Für sie war Frank Zappa eine Art Stand-Up-Comedian mit Band, dessen ausschweifende Gitarren-Soli und instrumentalen Ambitionen sie als Pausenfüller zwischen den richtigen Songs nahmen, analog zu den Werbeblöcken im Fernsehen. Animositäten mit den feinsinnigen Jazzfreunden unter ihren Verächtern waren vorprogrammiert. Aber in den meisten Fällen unterwarfen sich beide Fraktionen der souveränen Regie des großen Zappano.

›You Are What You Is‹ bediente schon im Titel-Song die neue Zielgruppe bestens. Kein Wunder, daß die seriöse Rock-Kritik so ein Album kaum beachtete. Dabei enthielt sie durchaus formal spannende Elemente. Das Album war in drei Suiten aufgeteilt, betitelt ›Teen-Age-Wind‹, ›Society Pages‹ und ›You Are What You Is‹.

Zappa thematisierte und ironisierte die neue Situation mit vertrauten Mitteln: DooWop, Country-Songs, Rock. Sein besonderes Augenmerk richtete er auf die rechtsreaktionären Fernseh-Evangelisten vom Schlag eines Billy Graham oder

Free is when you don't have to pay
   for nothing or do nothing
We want to be free free as the
   wind.
                     ›Teen-Age Wind‹

Those Jesus-Freaks, well,
   they're friendly, BUT,
The shit they believe has got
   their minds shut...
                     ›The Meek Shall Inherit Nothing‹

Jerry Falwell, deren gelebte Doppelmoral mit ihren märchenhaften Einkünften glänzend korrespondierte. Der republikanische Cowboy-Präsident Reagan hatte es nicht zuletzt mit ihrer Hilfe an die Macht geschafft, um Amerikas reiche konservative Oberschicht und einige verkokste Yuppies und Börsenspekulanten durch die Segnungen seiner Reaganomics noch reicher zu machen. Das Video, das Zappa zum Titelstück herstellte, zeigte einen Doppelgänger Reagans. MTV strahlte es nicht aus.

›You Are What You Is‹ brachte es in England auf Platz 51, in den USA nur auf Rang 93 der Album-Charts.

Von heute aus gesehen stellt ›You Are What You Is‹ den Glücksfall eines ungewöhnlich stimmigen und anspielungsreichen Albums dar. Zappas soziologische, politische und amateuranthropologische Kommentare hatten die Schärfe seiner besten Arbeiten wiedergewonnen.

Später im Jahr, anläßlich eines Gedenkkonzerts für Edgar Varèse, freundete sich Zappa mit dessen Zeitgenossen und Kollegen, dem siebenundachtzigjährigen Nicholas Slonimsky, an, der Varèses Wort vom nicht sterben wollenden Komponisten glücklich zu verkörpern schien. Er starb tatsächlich erst 1996 im Alter von einhunderteins Jahren!

Zappa schaffte es doch noch ins Fernsehen. MTV strahlte sein Halloween-Konzert aus.

Anfang des Jahres 1982 hielt sich Zappa vorwiegend in seinem neuen Heimstudio auf. Im Mai 1982 veröffentlichte er ein heftig bearbeitetes Album mit dem Titel ›Ship Arriving Too Late To Save A Drowning Witch‹. Das instrumentale Titelstück war typische *music music*, wie Zappa selbst seine avantgardistischen Etüden zu nennen pflegte. Der Titel bezog sich auf eine Grafik des Droodles-Erfinders Roger Price. Zappa entdeckte, daß er nicht weit

44 Das Cover von ›You Are What You Is‹

von ihm entfernt wohnte, besuchte ihn und kaufte ihm die Titel-Grafik ab, in der man zudem ein stilisiertes Z für Zappa vermuten konnte. Das Album Nr. 35 enthielt mit ›Teenage Prostitute‹ einen weiteren kontroversen Titel. Aber es brachte auch einen amerikanisch-amateuranthropologischen Novelty-Hit, der auf einem Slang-Monolog von Zappas ältester Tochter Moon beruhte. ›Valley Girl‹ war das satirische Porträt des jugendlichen Milieus, in dem sich Moon und ihre Freundinnen bewegten, eine späte Wiederaufnahme derselben Methode also, die Zappa schon bei den GTO's praktiziert hatte. Moon behauptete, sie habe dieses Kiddie-Lingo hauptsächlich bei Bar-Mitzwas in der Nachbarschaft aufgeschnappt. Jedenfalls drehten die Hörer durch, als der Titel zum ersten Mal im Radio lief. Eine Single wurde gepreßt und verkaufte sich in rund 350 000 Exemplaren. Das Album wurde in ungefähr 125 000 Einheiten abgesetzt. Es erreichte Rang 23. Die Single kam bis auf Platz 32. Moon und Frank wurden als bestes Duo für den Grammy nominiert, unterlagen aber Survivors ›Eye Of The Tiger‹. Was Frank trotz des Riesenerfolgs am meisten ärgerte, war, daß offensichtlich niemand die satirische Kritik, die in den Zitaten jugendlichen Schwachsinns steckte, zur Kenntnis nehmen wollte, sondern im Gegenteil eine Valley Girl-Mode entstand. Die Kaufhauskette Bloomingdale's vertrieb eine Reihe lizenzierter Valley Doll-Produkte. Sogar ein Spielfilm mit dem Großmimen Nicholas Cage wurde 1983 gedreht, der eindeutig von dem Song inspiriert war. Frank gelang es trotz einer Klage nicht, Urheberrechte für die Zappas zu beanspruchen.

Die Frühjahrs-Tournee verlief insgesamt ungut. Die Konzerte in Kiel, Mannheim und Lille fielen wegen diverser Widrigkeiten teilweise oder ganz aus, in Palermo führte sich das Publikum derart auf, daß die Polizei Tränengas einsetzte, von dem auch die Band nicht verschont blieb.

Die Sympathie zwischen Zappa und dem russisch-amerikanischen Komponisten und Musikforscher **Nicholas Slonimsky** (1894–1996) mag nicht zuletzt daher gerührt haben, daß Slonimsky in seinem Schaffen ein besonderes Interesse für exzentrische Persönlichkeiten und eigentümliche historische Phänomene entwickelte.

Als Komponist verfolgte er sehr häufig eine sich selbst gestellte technische Idee, die er dann kompositorisch umzusetzen suchte (z.B. der ausschließliche Gebrauch der schwarzen Tasten mit der linken Hand und der weißen mit der Rechten in ›Black and White‹). Als Dirigent war Slonimsky ein entschiedener Vertreter der Avantgarde.

Weitere Materialien für Interessierte

a) Musik

The Doors, Das Gesamtwerk, parodiert in ›If Only She Woulda‹

Lawrence Welk (1903–1992), Das Gesamtwerk oder ›Best Of‹, parodiert in ›Heavenly Bank Account‹

Jerry Garcia (1942–1995), Das Gesamtwerk, erwähnt in ›Teenage Wind‹

Conlon Nancarrow (1912–1997), u. a. ›Studies For Player Piano‹ 1992

Survivor, ›Eye Of The Tiger‹ 1982

Steve Vai, u. a. ›Sex And Religion‹ 1993

Frank Zappa, ›The Man From Utopia‹ 1983

b) Literatur

Christoph Spehr, ›Die Aliens sind unter uns. Herrschaft und Befreiung im demokratischen Zeitalter‹ 1999 über ›They Live‹ von John Carpenter: »In Hollywood kommen die Aliens immer von außen. Ob ›Independence Day‹, ›Mars Attacks‹ oder ›Starship Troopers‹, die Wesen, die sich die Erde unter die Klauen reißen wollen, stammen aus fernen Welten irgendwo im Universum. Sie sehen auch dementsprechend aus – Leute, von denen man bestimmt keinen Gebrauchtwagen kaufen würde und denen man ihre finsteren Absichten sofort ansieht. Aber das ist natürlich Ideologie. Auch wenn es sich im Kino gut macht, sollten wir nicht davon ausgehen, daß die Aliens eines Tages mit dreißig Kilometer langen Raumschiffen am Himmel auftauchen und eklige Rüssel schwenken, damit jeder merkt, daß sie da sind. Denn vermutlich sind sie schon längst da.

Einige Filme wissen das. Zum Beispiel der Klassiker des sozialwissenschaftlich fundierten Alien-Films, John Carpenters ›Sie leben‹ (1988). Carpenter zufolge leben die Aliens mitten unter uns. Die Hauptfigur der Geschichte, John Nada, gerät durch Zufall an eine Brille, mit der sich Aliens und Menschen unterscheiden lassen. Und plötzlich durchschaut er alles … Mit der Brille kann Nada auch die Botschaften hinter der bunten Reklame entziffern, mit der die Aliens alle Städte, alle Druckerzeugnisse, alle Fernsehprogramme überziehen. Sie lauten:

45   Das Cover von ›Valley Girl‹

Kauf! Paß Dich an! Denk nicht nach! Mach mit! oder: Tu deinen Job!

Auch Carpenters Aliens kommen aus dem All, aber das ist nicht entscheidend. Was die Aliens ausmacht, ist nicht ihre Herkunft oder ihre bizarre Blutgruppe, sondern ihr soziales und politisches Programm. Aliens erklären dir, daß deine Mittagspause zu lang ist; daß du am Sonntagnachmittag noch ungenutzte Kapazitäten hast, etwas für die Gemeinschaft zu tun; daß Rauchen verbrecherisch ist, weil du damit die Volkswirtschaft schädigst. Sie sind effizient und skrupellos und pressen aus dir heraus, was sie brauchen können … Allen Aliens ist gemeinsam, daß sie nicht im geringsten fähig oder zumindest nicht willens sind, für sich selber zu sorgen, die einfachen Dinge des Lebens zu bewerkstelligen und für ihr eigenes Überleben zu arbeiten. Sie kochen nicht, sie gehen nicht einkaufen, sie ziehen ihre Kinder nicht groß, sie produzieren selber nichts, was man essen, anziehen, lesen oder anschauen kann. Dafür benötigen sie andere – Menschen eben … Die Aliens sind hauptsächlich damit beschäftigt, sich fremde Natur und Arbeit anzueignen. Obwohl sie sich selbst wahnsinnig nützlich finden und von sechzehnstündigen Arbeitstagen stöhnen, tun Aliens eigentlich nichts. Das heißt, sie tun den ganzen Tag nichts anderes, als an-

dere zu kontrollieren und deren Arbeit zu sich zu dirigieren. Das ist ihr Job. Wenn das nicht klappt, werden sie abberufen oder versetzt – auf einen der öden Planeten ohne Popcorn und Kino, an denen das Universum so reich ist.« Spehr, Aliens S. 14–16

c) Zitate

»Let's hear it from another great Italian: Conlon Nancarrow etc …« (›Tinsel Town Rebellion‹ TR 15) »That Makes me mad« (auf ›AS AN AM‹). Frank Zappa über Bootlegs

d) Film

John Carpenter, ›They Live!‹ 1988
Steve Barron, ›Coneheads‹ 1993
Barry Sonnenfeld, ›Men In Black‹ 1997
Roland Emmerich, ›Independence Day‹ 1998
Tim Burton, ›Mars Attacks‹ 1997
Paul Verhoeven, ›Starship Troopers‹ 1997
Paul Anderson, ›Soldier‹ 1998
The Wachowski Brothers, ›Matrix‹ 1999
Stuart Gordon, ›Space Truckers‹ 1998

Suicide Jump oder
Does Humour Belong In Music?

Vermutlich frustriert von den Tournee-Vorfällen in Europa hegte Zappa Pläne, Europa überhaupt nicht mehr zu bespielen, eine Entscheidung, die er in späteren Jahren erfreulicherweise revidierte. Allerdings ließ er die Band geraume Zeit ruhen und widmete sich dem Schreiben und Produzieren orchestraler Werke. Im Januar 1983 machte er Aufnahmen mit dem London Symphony Orchestra (LSO), die 1985 und 1987 auf zwei Alben veröffentlicht wurden. Die Orchesterleistung war nicht gerade überwältigend und Zappa mußte viele technische Mängel ausbügeln.

›The Man From Utopia‹ schloß nicht so nahtlos an die ›Valley Girl‹-Mania an, wie es sich vor allem die vielen neuen Fans erhofft hatten. Den alten hinwiederum brachte es zu wenig Aufregendes. Dabei hatte ›The Man From Utopia‹ durchaus ein paar musikalische Dornröschen zu bieten, insbesondere das doch reichlich verquere Blues-Titelstück, brillante Gitarrenlicks von Steve Vai, vor allem in ›The Dangerous Kitchen‹, das zudem Zappas Sprechgesang-Technik in Perfektion bot. ›Stick

46   Maestro Zappa am Pult des London Symphony Orchestra

> Cocaine decisions –
> You are a person who is High Class;
> You are a person not in my class,
> And the cocaine decision that you made today
> Will mean nothing later on
> When you get nose decay ›*Cocaine Decisions*‹

Together‹ war ein heftiger Anti-Gewerkschafts-Reggae, der die mafiosen Strukturen anklagte. ›Sex‹ war genau, was der Titel versprach, ›The Radio Is Broken‹ beschäftigte sich noch einmal mit alten Horror-Filmen und ›Cocaine Decisions‹ war ein moralisierender Protest-Song, der von Bob Dylan hätte stammen können, wenn dieser damals nicht gerade seine christlich-erweckte Phase gehabt hätte.

Apropos Dylan. Er war eines Dezembertages im Jahr 1982 buchstäblich vor Zappas Tür gestanden, erzählte Frank Zappa dem Journalisten Karl Dallas.

»Hier melden sich alle möglichen seltsamen Besucher, und eines Tages stand da jemand und erklärte: »Ich bin Bob Dylan. Ich möchte dir meine neuen Songs vorspielen.« Ich war ihm nie persönlich begegnet und kannte seine normale Stimme nicht... Ich schickte jemand runter, um sich zu vergewissern, daß es nicht so ein Charles Manson-Typ war, aber es war tatsächlich Bob Dylan... Er spielte mir seine elf neuen Songs vor, und ich fand, daß sie sehr gut waren. Er schien ein netter Kerl zu sein.« (FZS 193)

Bei den neuen Songs von Dylan handelte es sich im wesentlichen um das Material von ›Infidels‹. Die Zusammenarbeit kam aber nicht zustande, unter anderem, weil Zappa damals gerade allem religiösen Schmonzes gegenüber hoch mißtrauisch war, Dylan hingegen immer noch an den Spätfolgen seines christlichen Predigerwahns laborierte, dem er auf ›Slow

Bob Dylan ist der Singer/Songwriter, der im zwanzigsten Jahrhundert die losen Enden der amerikanischen Folksong-Tradition zu einer genialen eigenen Form, dem archetypischen Dylan-Song verknüpfte. Egal, ob er seine Protestsongs und Balladen auf der akustischen Gitarre oder als Vorschreier einer dröhnenden Rockband vortrug, das Chaos organisierte sich nach seinen Vorgaben zu exzeptioneller Musik. Alles andere als ein Neuerer oder Experimentator, bezog sich der zum Surrealismus neigende Poet Dylan immer auf eine mythische, nach rückwärts verklärte amerikanische Geschichte.

Train Coming‹ und ›Saved‹
reichlich nachgegeben hatte
und der auch auf seiner aktuellen Platte ›Shot Of Love‹
noch nicht überwunden war.

47   Bob Dylan

Ohne Zappa wurde ›Infidels‹
knapper Durchschnitt. Nicht
auszudenken, was bei einer
Zusammenarbeit des Studio-
perfektionisten mit dem Spon-
taneitätsgenie geschehen wäre – im schlimmsten Fall wohl
eine Neuauflage des Lennon/
Ono-Desasters, im besten vielleicht ein Vorgriff auf ›Time Out
Of Mind‹.

Auf ›The Man From Utopia‹ hatte eine ähnliche Konstellation
zwischen Zappa und Steve Vai zumindest im instrumentalen
Bereich hervorragend funktioniert. Kommerziell war das Album ein Flop und dümpelte um Platz 87 in England, was immerhin fast doppelt so gut war wie Platz 153 in den USA.

›Baby Snakes‹, das Album, erschien ursprünglich als Picture-
Disk, die nur im Versandhandel erhältlich war. Sie enthielt
Alternativ-Fassungen berühmt-berüchtigter Titel wie ›Titties &
Beer‹, ›Dinah-Moe Humm‹ und ›Punky Whips‹, was sie vor
allem bei den Sammlern unter den Fans begehrt machte – und
welcher Fan war inzwischen nicht zum Sammler geworden?

Die Fans, die Zappa als Rock-Entertainer schätzten, mußten
lange warten, bis im Herbst 1984 endlich zwei Projekte fertig
wurden, die ihren Interessen entsprachen, ›Them Or Us‹ und
›Thing-Fish‹.

›Them Or Us‹ zeigte die Band in vielen Live-Passagen auf
der Höhe des Geschehens. Franks Söhne Ahmet und Dweezil

Die Zusammenarbeit mit The Band
war die logische Konsequenz dieser
Haltung. Ebenso seine Begegnungen
mit Beat-Dichtern wie Allen Ginsberg oder den Grateful Dead. Sein
mehrstündiger Film ›Renaldo And
Clara‹ dokumentierte die Rolling
Thunder-Tour, eine weitere Reise in
eine imaginäre Vergangenheit. Seine

Beschäftigung mit Glaubensfragen
war wohl Folge eines schweren
Unfalls und musikalisch nicht sehr
ergiebig. Dylan, der sich seit Jahren
auf der Neverending Tour befindet,
beeindruckt immer noch als aus-
übender und kreativer Künstler,
zuletzt mit dem grandiosen Album
›Time Out Of Mind‹.

wirkten ebenfalls mit. Von Ahmet stammte das skurril-kindliche ›Frogs With Dirty Little Lips‹, Dweezil steuerte ein Überraschungs-Solo zu ›Sharleena‹ bei, der bis dato besten Version des Songs. Johnny »Guitar« Watson sang den witzigen Blues ›France‹. ›Be In My Video‹ strafte MTVs Schwachsinn ab, Steve Vai bekam auch was auf den eingebildeten Hintern, weil er sich mit dem Groupie Laurie mehrschlägig vergnügt hatte, und eine mörderische Cover-Version von ›Whippin' Post‹ brauchte sich vor den Allman Brothers nicht zu verstecken. Punkten konnte das exzellente Album leider nur in England, wo es Platz 53 erklomm. Musikalisch vielleicht das erstaunlichste Stück war ›Ya Hozna‹, das über ein Hard-Rock-Riff in bester Metal-Manier rückwärts eingespielte Textpassagen mixte.

Damit war die komplexe Gangart für das nächste Projekt vorgegeben. ›Thing Fish‹ war wieder ein Konzept-Triple-Album, sehr textlastig, wie das vorsorglich mitgegebene Libretto zeigte. Die Grundidee war ähnlich paranoid wie die von ›Joe's Garage‹. Das absurde, sex-politisch explizite ›Thing Fish‹ beschrieb die Hinter- und Vordergründe einer imaginären Broadway-Show, nahm Stellung zu Themen wie Rassismus, AIDS und Yuppies. Darauf angesprochen, deutete Zappa an, es sei dasjenige seiner Alben, das seiner Vorstellung von einem Hörspiel wohl am nächsten gekommen sei. Erstmals verwendete er hier das Synclavier, sein wichtigstes Arbeits-Instrument der folgenden Jahre. Unter den Protagonisten fielen besonders Ike Willis, Terry und Dale Bozzio, Napoleon Murphy Brock und wieder Johnny »Guitar« Watson auf. ›Thing Fish‹ enthielt nicht allzu viele griffige Songs, immerhin aber den späteren Konzert-Favoriten ›I'm So Gay‹.

Ansonsten trieben Gail und Frank Zappa die Konsolidierung ihrer Geschäfte weiter voran. 1985 entließ Frank alle Mitarbeiter von Barking Pumpkin Records. Nach der Umbenen-

---

Weitere Materialien für Interessierte

a) Film
›The Three Stooges‹, u. a. ›Stooge-
    mania‹ 1985
Albert Magnoli, ›Purple Rain‹ 1984
Alte Horror-Filme in allen TV-
    Nachtprogrammen.

Video:
›Does Humor Belong In Music?‹
›Baby Snakes‹
›Video From Hell‹
›Von einem der auszog, das
    Fürchten zu lernen‹

nung des Mailorder-Unternehmens in Barfko-Swill übernahm Gail dessen Führung.

Eines der ersten Angebote von Barfko-Swill war ›The Old Masters Box One‹, die sechs der alten Mothers Of Invention-Alben plus eine sogenannte Mystery-Disc mit raren und unveröffentlichten Songs enthielt. Leider hatte Frank, der mit den alten Versionen teilweise unzufrieden war, die beiden Alben ›We're Only In It For The Money‹ und ›Cruising With Ruben And The Jets‹ mit neuen Baß- und Schlagzeug-Spuren versehen, sehr zum Mißvergnügen der meisten Fans, die sich die Originale gewünscht hatten. Zappas, wie sich später herausstellte, nicht ganz korrektes Argument war gewesen, die Master-Bänder seien defekt gewesen. Es fanden sich später dann doch noch qualitativ hochwertige Bänder, die eine restaurierte Original-Fassung von ›We're Only In It For The Money‹ auf CD ermöglichten, die sogenannte REVF-Ausgabe.

Doch getreu der Devise *Trouble Coming Every Day* sollte es noch mehr Ärger geben. Ein Teil der alten Mothers, die seit 1981 durchaus ohne die Billigung des Meisters mit einem Teil der alten Stücke und eigenem Material als The Grandmothers tourten, reichte eine Millionenklage ein. Sie hatten seit 1969 keine Tantiemen mehr bekommen. Die Angelegenheit wurde erst 1991 durch eine stillschweigende private Übereinkunft beigelegt.

Eine objektive Sicht dieser ständigen Auseinandersetzungen zwischen Zappa und seinen Musikern ist fast unmöglich. Wer jemals in einer Band gespielt hat, weiß warum. Rockmusik ist, zumindest wenn sie live gespielt wird, Team-Arbeit. Andererseits sind die kreativen Anteile innerhalb des Teams meist unterschiedlich hoch. Es gibt verschiedene Möglichkeiten, diesen Grundkonflikt aufzulösen. Viele Bands entschieden sich aus ideologischen Gründen für ein egalitäres Modell, andere

---

Die treibende Kraft hinter den **Grandmothers** war und ist Drummer/Sänger Jimmy Carl Black, ein ehemaliges Mitglied der Mothers of Invention von den Soul Giants bis zur Auflösung 1969. Anschließend gründete der »Indian Of The Group« Geronimo Black, bis er sich Anfang der 80er mit den Ex-Mothers Elliott Ingber und Bunk Gardner zusammentat, mit denen er als Grandmothers auftrat. Man spielte alte Mothers- und Geronimo Black-Nummern und hatte viel Spaß. Inzwischen lebt Jimmy Carl Black in Bayern und tourt immer noch. 2000 erschien das Album ›Eating The Astoria‹.

versuchten, meist konfliktträchtig, die kreativen Anteile in prozentuale Beteiligungen umzusetzen. Zappa ging den ungewöhnlichen Weg, seine Musiker fest anzustellen. Der Vorgang an sich impliziert schon ein gewisses Maß an Ausbeutung, aber auch die Bereitschaft von seiten der Musiker, sich im Austausch für ökonomische Sicherheit ein wenig ausbeuten zu lassen. Es ist eine Erfahrungstatsache, daß sich im Lauf der Zeit Illusionen über subjektive Anteile an Produkten herausbilden. Nicht selten hält sich jemand, der ein geniales Riff zu einem Song geliefert hat, am Schluß für den eigentlichen Komponisten und der Materiallieferant eines Refrains für den wahren Texter. Andererseits neigen produktive Kreative zur massiven Ausbeutung menschlicher Ressourcen, eine banale, aber trotzdem folgenreiche Wahrheit nicht erst seit Brecht und Faßbinder. Es ist also durchaus wahrscheinlich, daß die alten Mothers mit ihren Vorwürfen Frank Zappa gegenüber zumindest teilweise im Recht waren und umgekehrt. Daß andererseits die Grandmothers ziemlich genau die Mothers Of Invention minus Zappa waren, konnte man auf jedem ihrer Konzerte nachvollziehen.

Zappas Versuche, die Aktivitäten der Grandmothers zu unterbinden, schlugen fehl. Und auch sein Zusammentreffen mit weiteren Müttern sollte unerfreulich werden. Denn es begab sich zu dieser Zeit, daß Mary Elizabeth Gore, genannt »Tipper«, die Frau des späteren Vize-Präsidenten Al Gore, ein Plattengeschäft betrat und für ihre achtjährige Tochter ein Werk der zeitgenössischen Popmusik erstehen wollte. Dabei geriet sie an das Album eines gewissen Prince, der freilich kein

48 Frau Gore und andere zensieren die Musikindustrie. Illustration aus Frank Zappas Autobiographie ›I'm the American Dream‹

wachgeküßter Frosch war,
sondern ein handfester Auto-
erotiker, zumindest in einem
Song, der ›Darling Nikki‹ hieß
und eindeutig auf Masturba-
tion anspielte. Vielleicht hätte ja schon der Albumtitel
›Purple Rain‹ Alarmglocken
im Kopf von Frau Gore aus-
lösen können, aber Ignoranz
und Militanz hätten sich dann
nicht so zielstrebig organisieren können. Ob die Beschenk-
te sich an dem Song gestört
hätte, ist nicht bekannt. Mama
jedenfalls gründete sofort das
Parents Music Resource Center, eine private Zensur-Ini-

49 Prince

tiative zum Schutz minderjähriger Ohren vor erwachsener
Popmusik. Ihre Hauptforderung bestand darin, auch für Mu-
sik ein Bewertungssystem analog zu Filmen einzuführen.
Parallel dazu liefen Versuche, die Ausstrahlung unziemlicher
Texte im Radio zu eliminieren, was ohnehin schon gängige
Praxis der Sender war.

Die Plattenindustrie wehrte sich jedenfalls angemessener
und entschiedener gegen die Zensoren als etwa die windel-
weichen Filmstudios, die der MPAA im Lauf der Jahre fast
kampflos das Feld überließen, was immer absurdere Maßnah-
men politischer Pseudo-Korrektheit zur Folge hatte. Immerhin
wurden Dee Snyder von der nicht ganz harmlosen Formation
Twisted Sister und Frank Zappa als Gewährsleute für ein
Hearing bestellt, das im September 1985 stattfand.

Prince tauchte zunächst im Gefolge
des Königs Funk auf, der aber Anfang der Achtziger abdankte. Nun
legte er mit Alben wie ›Dirty Mind‹,
›Controversy‹ und ›1999‹ den Grundstein einer soliden Bürgerschreck-
Showbiz-Karriere. Nicht nur, daß
sich talentierte weibliche Schönheiten
um ihn scharten, er verkaufte auch
noch mühelos Millionen Platten und
schuf sich in der Folge ein fast autar-
kes R & B-Imperium. Selbst diverse
Identitätskrisen nebst Namenswech-
sel (TAFKAP, Symbol), normalerweise tödlich fürs Geschäft, konnten den
immens begabten Sänger, Komponisten und Gitarristen nicht aus der
Erfolgsbahn werfen.

Zappa verarbeitete Material aus den Sitzungen zu seiner heftigen zwölfminütigen Collage ›Porn Wars‹, die er aber nur auf der amerikanischen Ausgabe seines Albums Frank Zappa ›Meets The Mothers Of Prevention‹ veröffentlichte, da er der Ansicht war, europäische Fans seien an dieser innenpolitischen Auseinandersetzung nicht interessiert. Er selbst hielt in der Folge mehrere Vorträge zum Thema Zensur, trat in Fernseh-Diskussionen auf und stritt sich mit reaktionären Hinterbänklern im Senat herum, die sich bei dieser Gelegenheit als ungehobelte Schwachköpfe bar jeder Argumentationsfähigkeit entlarvten, Berufspolitiker eben, wie man sie als eingebildete Elite westlicher Demokratien zur Genüge kennt.

Das politisch wirklich Fatale kam in diesen Auseinandersetzungen kaum zur Sprache. Es bestand aber letztlich darin, daß die einst als emanzipatorisch und progressiv angetretene Frauenbewegung inzwischen aus ideologischen Gründen in vielen Fragen, insbesondere aber bei den Themen Abtreibung, Pornographie und fiktionale Gewaltdarstellung auf einer Linie mit rechtsradikalen religiösen Spinnern, Sektierern und Absonderlingen lag, ohne sich der Borniertheit dieses Vorgehens bewußt werden zu wollen. Es gab nur eine kleine, aufgeklärte und radikale Opposition innerhalb der Bewegung, die sich dieser neo-spießigen Entwicklung, die sich in den neunziger Jahren nicht nur in den USA unangenehmst entfalten sollte, entgegenstellte.

Zappa hatte immer für die aktive politische Beteiligung der Bürger auch in schlechten Zeiten geworben. Auf vielen seiner Alben fand sich der ernstgemeinte Hinweis *Don't Forget To Register To Vote**. Er warb auch in seinen Konzerten für den notwendigen Eintrag in die Wähler-Register. Er schrieb sogar einen Brief an Reagan, der aber natürlich ohne Resonanz blieb. Lonesome Cowboy Ronald hatte Wichtigeres zu tun, als

---

* In den Vereinigten Staaten ist der Akt der Wahl für den »Wahlbürger« etwas aufwendiger als hierzulande, da man sich bereits vor den Wahlen eintragen lassen muß – dies ist mit ein Grund dafür, daß die Wahlbeteiligung in den USA üblicherweise verhältnismäßig gering ist.

sich um die Meinungs- und Kunstfreiheit seiner Mitbürger Gedanken zu machen.

Erst beim dritten Music Business Symposium konnte dem Spuk dann ein Ende gemacht werden, als herauskam, daß hinter der PMPC zwei Großkonzerne standen, die die Organisation finanzierten. Als Gegenorganisation wurde Music In Action gegründet. Was freilich nicht verhindert werden konnte, war die Kennzeichnungspflicht von Platten mit möglicherweise nicht jugendfreiem Inhalt durch entsprechende Aufkleber, die 1990 eingeführt wurde.

50 Frank Zappa um 1985

Der Abwechslung halber spielte Frank Zappa in einer Episode der gerade sehr beliebten Fernsehserie ›Miami Vice‹ namens ›Payback‹ einen Drogenhändler – und das auch noch sehr überzeugend.

Anfang 1986 kam ein neues Album, nur auf CD und nur für Europa. ›Does Humour Belong In Music?‹ war nicht identisch mit dem gleichnamigen Video, aber von denselben Musikern gespielt. Die volldigitalen Aufnahmen kamen ohne Overdubs aus, waren aber aus jeweils verschiedenen Passagen diverser Konzerte zusammengesetzt – ein weiterer Beweis für die ungeheure Präzision, die Zappa seinen Musikern abverlangte.

Am 14. Februar 1986 sagte Frank Zappa vor dem State Senate Judiciary Committee in Maryland aus, um gegen eine Kam-

---

Weitere Materialien (Forts.)
b) Musik
Bob Dylan, ›Infidels‹ 1983
Thomas Dolby, ›She Blinded Me With Science‹ u. a. auf ›Hyperactive‹ 1982–1983
Donovan, ›Atlantis‹ u. a. auf ›Troubadour‹

Culture Club, ›Do You Really Want To Hurt Me?‹ auf jeder besseren Hit-Kompilation
Loretta Lynn, ›Rosegarden‹
Allman Brothers, ›Whipping Post‹ u. a. auf ›Beginnings‹ 1971
Jimi Hendrix, Das Gesamtwerk

pagne der Delegierten Judith Toth zu plädieren, die den aberwitzigen Vorschlag eingebracht hatte, sexuelle Bilder in der Musik zu verbieten. In diesem Fall obsiegte er sogar.

Auch im weiteren Verlauf des Jahres hielt Zappa Vorträge zum Thema oder ließ sich dazu interviewen. Außerdem produzierte er das Album ›Havin' A Bad Day‹ von Dweezil.

Im November erschien die zweite Old Masters-Box, die ebenfalls wieder eine Mystery Disc enthielt. Am Jahresende folgte schon Box Nummer drei, allerdings ohne Extra-Zugabe.

Mitte des Jahres hatte Zappa einen exklusiven CD-Vertrag mit der kleinen Firma Rykodisc geschlossen. Sie war die erste gewesen, die ausschließlich auf dem noch relativ neuen digitalen Medium veröffentlicht hatte. Die großen Konzerne kamen anfangs mit der digitalen Technologie, die nun schon über ein Jahrzehnt alt war, überhaupt nicht zurecht. Manche der frühen CD-Abmischungen klangen schauderhaft. Es lag dies freilich nicht, wie Analog-Fetischisten, die mit Sechstausendmark-Plattenspielern zerkratztes Vinyl abspielten, gerne behaupteten, an der Digitalität an sich, sondern am Unvermögen einiger Toningenieure, die inadäquate Verfahren anwendeten. Zappa, der niemals neophob gewesen war, hatte das völlig richtig vorausgesehen und mit Rykodisc einen guten Griff getan. Das Label hat inzwischen den gesamten Katalog gekauft und auch nach Frank Zappas Tod maßstäbliche Editionen veröffentlicht.

Eine Fernsehserie, die Zappa 1987 entwickelte, sollte ›Night School‹ heißen, wurde aber von ABC abgelehnt. Auch sein Projekt, eine eigene Kirche zu gründen, The Church Of American Secular Humanism, abgekürzt CASH – wie auch sonst – gab er schließlich wieder auf.

1988 ging Frank Zappa noch einmal auf Tournee. Er ernannte den Bassisten Scott Thunes zum Probenleiter. Der nahm den

Janis Joplin, Das Gesamtwerk
Jim Morrison, Das Gesamtwerk
Mamas & Papas, Das Gesamtwerk
Keith Moon, siehe The Who, Das Gesamtwerk
Bob Lind, ›The Best‹ 1965–1967
Barry McGuire, ›Eve Of Destruction auf allen Kompilationen‹

Prince, ›Purple Rain‹ 1984
The Bangles, u. a. auf ›Manic Monday‹ 1984–1990
D. Cartmell u. a. (Hrsg.), ›Trash Aesthetics. Popular Culture and its Audience‹ 1997
James B. Twitchell, ›Preposterous

51 Innencover von ›Broadway the Hard Way‹

Auftrag offensichtlich sehr ernst und übte vier Monate lang zehn Stunden täglich mit der Band. Zuviel, wie die alten Hasen abzüglich des Neulings Mike Keneally meinten. Sie schlugen Zappa vor, Thunes zu feuern. Zappa reagierte, aber anders. Er feuerte die gesamte Band mit Ausnahme von Keneally und Thunes.

Im April erschien ein weiteres Instrumental-Album, schlicht ›Guitar‹ betitelt und als Fortsetzung des ›Shut Up An Play Yer Guitar‹-Pakets gedacht. Es brachte Zappa die sechste Grammy-Nominierung insgesamt ein, diesmal in der Rubrik Best Instrumental Performance. Gleichzeitig begann eine Serie von historischen Aufnahmen früherer Mothers-Formationen, ohne Overdubs. ›You Can't Do That On Stage Anymore‹ war auf sechs Doppelalben geplant und löste damit ein altes Versprechen ein, Höhepunkte aus den Tourneen zu veröffentlichen.

Im Oktober 1988 erschien dann ›Broadway The Hard Way‹. Noch einmal nahm er kein Feigenblatt vor den Mund und ließ an Deutlichkeit nichts zu wünschen übrig. Von Elvis bis

Violence. Fables of Aggression in Modern Culture‹ 1989
Hans D. Baumann, ›Horror. Die Lust am Grauen‹ 1989
Th. Gaschler/E. Vollmar, ›Dark Stars‹ 1992
John Waters, ›Abartig: Meine Obsessionen (Crackpot)‹ 1991

Splatting Image, Fachzeitschrift für Horror und Verwandtes, viermal jährlich
Bret Easton Ellis, ›American Psycho‹

d) Zitate
»I'm not a crook« Richard Nixon

Nixon, von Jimmy Swaggart bis Ronald Reagan kriegten alle etwas ab, und die Frage, ob Humor etwas in der Musik zu suchen habe, wurde endgültig zugunsten der amateuranthropologischen Satire entschieden. Zu diesem Behufe hatte sich Zappa sogar über die Beatles hergemacht. Doch Rechte-Inhaber Michael Jackson gebot dem frivolen Treiben Einhalt. Drei Tracks, die ›Norwegian Wood‹, ›Lucy In The Sky With Diamonds‹ und ›Strawberry Fields Forever‹ als Basis hatten, durften nicht veröffentlicht werden. Beatles-Melodien blieben potenten Werbeträgern vorbehalten. Bösewicht Zappa wurde wieder für einen Grammy vorgeschlagen. Es war das verflixte siebte Mal. Die Libertäre Partei trat an Frank Zappa heran und versuchte, ihn als Kandidaten zu gewinnen. Zappa lehnte ab.

Maestro Z.

In der Rockmusik gilt bekanntlich der gröbste und billigste Effekt genausoviel wie das virtuose Solo, solange das Genre erfüllt wird. Das Publikum selbst ist, wie Zappa im Gespräch mitteilte, im Grunde konservativ. Es will nicht die unveröffentlichten Songs des übernächsten Albums hören, sondern diejenigen, die es bereits kennt. Und selbst in umjubelten Konzerten dienen frenetisch geforderte Zugaben oft nur dazu, die Band zu zwingen, nicht nur das qualitative, sondern auch das quantitative Äquivalent des Eintrittsgeldes abzuliefern. Das Publikum für sogenannte Ernste Musik agiert im Prinzip gleich, nur etwas gesitteter.

Schwieriger freilich als der Umgang mit dem Publikum hatte sich für Zappa derjenige mit habgierigen und/oder inkompetenten Orchestern gestaltet. Er hatte im Lauf der Jahre Unsummen in den Sand gesetzt, ohne eine Note seiner Musik eingespielt zu haben. Auch seine Aufnahmen mit dem London Symphony Orchestra unter Kent Nagano stellten ihn keineswegs zufrieden, lieferten aber wenigstens Material genug für zwei Veröffentlichungen.

Zappas Hang zur klassischen Moderne hatte seinen Ausgang bei Edgar Varèse genommen, war aber nicht dabei stehengeblieben. Er kannte sich von Satie bis Conlon Nancarrow, der nicht grundlos in einem Song erwähnt wurde, gut aus und schätzte Charles Ives. In Pierre Boulez, den er schon auf dem Albumcover von ›Freak Out‹ namentlich erwähnt hatte, fand er schließlich im Lager der Moderne einen aufgeschlossenen, wachen Partner für ein gemeinsames Unterneh-

Das London Symphony Orchestra arbeitet professioneller als die meisten anderen Orchester, mit denen ich bisher zu tun hatte ... Sie ließen sich auf die Musik ein, nahmen sie ernst, gingen professionell an die Arbeit heran, und einigen von ihnen machte es sogar richtigen Spaß. Es gab natürlich auch andere, denen das alles egal war, für die war das einfach ein Job. Aber viele von ihnen schienen echt Spaß an der Sache zu haben, mit all dem Gestampfe und Geschrei, das zu der Musik dazugehörte.

Frank Zappa (FZW S. 100)

men, das 1984 realisiert wurde. Boulez hatte drei Zappa-Kompositionen angefordert und auch erhalten, aber nur eine davon war neu: ›The Perfect Stranger‹. Um zu einem konsistenten Album zu kommen, fügte Zappa noch einige Stücke dazu, die er auf seinem neuen Produktionsmittel erstellt hatte, einem Synclavier mit acht Spuren. Zappa hatte seit längerem damit experimentiert. Nun war er in der Lage, ohne andere Musiker komplette und komplexe Arrangements zu komponieren und sofort digital aufzunehmen. Daß Zappa auch experimentelle Musik schreiben konnte, die auf der Wahrnehmung von Tatsachen beruhte, bewies er hier mit ›Jonestown‹, einem Stück, das sich sowohl mit dem Massenselbstmord einer irregeleiteten Hippieschar als auch mit dem Phänomen fanatischer Religiosität im Allgemeinen auseinandersetzte.

Sein erstes Meisterstück auf dem Synclavier war dann das Album ›Jazz From Hell‹, das ebenfalls 1984 erschien. Es enthielt nur noch ein konventionelles Gitarrenstück, ›St. Etienne‹. An-

sonsten profilierte sich Frank als wahrlich futuristischer Komponist. Es klang wie die Sylvesterparty der Raumpatrouille Orion im Rhodan-System, zirka 4444 n. u. Z. Oder, wie John Brunner es ausgedrückt haben würde: »neue Töne, die scharf waren und irgendwie ranzig klangen, wahrscheinlich japanischen Stils.« (Der Schockwellenreiter S. 118)

Eine weitere Synclavier-Einspielung war dem For-

52 Pierre Boulez

scherdrang von Gail Zappa geschuldet. Sie hatte den ›New Grove Dictionary of Music & Musicians‹ konsultiert, um nachzuprüfen, ob Frank dort schon mit einem Artikel vertreten sei. Er war es nicht. Dafür war sie auf einen potentiellen Vorfahren gestoßen, einen gewissen Francesco Zappa, der zwischen 1763 und 1788 seine beste Zeit in Mailand gehabt haben soll. In Archiven fand sich tatsächlich Notenmaterial und Frank setzte sich an sein Synclavier.

›Boulez Conducts Zappa – The Perfect Stranger‹ hatte Zappa die dritte Grammy-Nominierung eingebracht, diesmal für die beste zeitgenössische Komposition. Das schlug sich zwar nicht in Verkaufszahlen nieder, führte aber dazu, daß er zahlreiche Angebote von klassischen Orchestern bekam, für sie zu schreiben. Zappa lehnte alle ab, da er zu Recht vermutete, man wolle ihn für die Aufführungen auch noch zahlen lassen. Er versuchte also weiterhin, selbst Aufführungen seiner Orchesterstücke mit verschiedenen klassischen Ensembles zu organisieren, war aber dann im Endeffekt von der schalen und unengagierten Aufführungspraxis frustriert. Er hat seiner Enttäuschung darüber mehrfach in drastischen Worten Ausdruck gegeben und sich vor allem über die Mißachtung des Komponistenberufs öffentlich beschwert.

Diesen programmatischen Vortrag hielt Frank Zappa ebenfalls 1984 vor dem Kongreß der American Society of University Composers (ASUC). Viele seiner sarkastischen und drastischen Bemerkungen sind immer noch relevant und in seiner

Der Job eines Komponisten besteht darin, Zeit zu dekorieren. Ohne dekorative Musik ist Zeit nichts weiter als ein Haufen langweiliger Produktionstermine oder Zahlungstermine. Lebende Komponisten haben das Recht auf eine Gegenleistung für ihre Werke. (Tote schreiben keine Rechnungen – was einer der Gründe dafür ist, warum ihre Musik aufgeführt wird.) Es gibt noch einen anderen Grund für die Popularität der Musk von Toten. Dirigenten bevorzugen sie, weil es ihnen hauptsächlich darum geht, gut auszusehen. Wenn sie Werke aufführen, die die Mitglieder des Orchesters seit ihrer Zeit auf dem Konservatorium immer wieder einmal abgenudelt haben, kosten die Proben so gut wie nichts – die Musiker schalten einfach in den Jukebox-Gang und leiern die Klassiker mühelos herunter – und der teure Gastdirigent, von der Last eines problematischen Stücks befreit, kann in geheuchelter Ekstase mit seinem Stock herumfuchteln und die Damen vom Stiftungsausschuß erfreuen (die sich wünschen, er hätte keine Hose an).

Frank Zappa (FZIAM 217)

Autobiographie nachzulesen. Eine Änderung der versteinerten und verzopften Praxis der fiedelnden Pinguine bahnte sich – für Zappa schon fast zu spät – auch im Klassikbetrieb nur wegen einiger kreativer Hitzköpfe wie Gidon Kremer oder dem Kronos-Quartett an. Letzteres spielte einen neuen Zappa-Titel ein, ›None Of The Above‹.

Eine Erfahrung blieb Zappa nicht erspart: Das Klassikgeschäft war mindestens genauso kriminell wie das Rockgeschäft, und hier war er erst recht der Außenseiter vom Dienst. Das muß ihn geschmerzt haben, sonst hätte er wohl nicht so viel Ehrgeiz und Energie auf diesen Bereich verwendet.

Es war schon fast zu spät, als ihn eine Offerte aus Deutschland erreichte. Das Ensemble Modern trat an ihn heran und bemühte sich um die Uraufführung der Orchester-Suite ›The Yellow Shark‹. Termin sollte der 16. September 1992 sein.

Zappa litt zu dieser Zeit bereits an Prostata-Krebs. Er schaffte es dennoch, den Proben und der umjubelten Uraufführung beizuwohnen. Danach zog er sich zunehmend aus der musikalischen Öffentlichkeit zurück.

Steve Lake resümierte in seinem Nachruf im ME/Sounds: »Wer sich ernsthaft mit Zappa auseinandersetzt, sollte zumindest ansatzweise Bescheid wissen über die Musik von (tief Luft holen) Edgar Varèse, Strawinsky, Charles Ives, Schönberg, Webern, Cage, Boulez, Ligeti, Penderecki und Toru Takemitsu – um nur einige zu nennen. Da tiefergehende musikalische Betrachtungen in Rockmagazinen gewöhnlich nicht sehr beliebt sind, soll hier nur einer der frühen Zappa-Songs als Beispiel angeführt

> Der Komponist Frank Zappa hat am Samstag, dem 4. Dezember 1993 kurz vor 18 Uhr seine letzte Tournee angetreten und wurde am Sonntag, dem 5. Dezember im Kreise seiner Familie beigesetzt.« *Presse-Erklärung der Familie Zappa vom 6.12.1993*

> Ich habe Platten gehört, die das Ensemble Modern von Kurt Weill und Lachenmann eingespielt hat, und ich war hingerissen vom Können dieser Musiker. Und als sie das erste Mal nach Los Angeles kamen, wurde mir klar: Das sind alles sogar sehr nette Leute. Sie waren von Anfang an sehr kooperativ, und es war ein Vergnügen, mit ihnen zu arbeiten. Sie haben einen ausgeprägten Sinn für Humor. Deshalb kommen wir gut miteinander aus.
>
> *Frank Zappa (FZW 103)*

werden: Auf ›Brown Shoes Don't Make It‹ (›Absolutely Free‹,
1967) hört man an einer Stelle im Hintergrund ein »streng aka-
demisches Zwölfton-Streichquartett« (als Tribut an Schönberg
und Webern) und am Ende eine Collage aus Liedern, in denen
die glorreiche amerikanische Nation besungen wird – eine Anspielung auf das musikalische Schlüsselerlebnis des jungen
Charles Ives, der eines Tages in einem Park in Connecticut
zwei Blaskapellen hörte, die sich, unterschiedliche Stücke
spielend, an einer Weggabelung begegneten. Diese Verweise
werden nun (um im Bild zu bleiben) mit dem Schuhlöffel in
einen Song eingepaßt, der für all die, die sich ausschließlich
auf den Text konzentrieren, nichts weiter ist als eine zynische
Attacke auf die Moralvorstellungen von Trägern konservativer
Fußbekleidung. Solche Spiele hat Zappa oft und gerne gespielt...
Soweit man das als Außenseiter überblicken kann, hat es nie
einen Zeitpunkt gegeben, an dem Zappa nicht genau das
machte, was er machen wollte, und dabei viel Geld verdient –
was nicht die schlechteste Definition von Erfolg ist. Die Pleite,
von der er selbst sprach, rührte daher, daß »fast niemand« die
Nuancen verstand. »Ich habe mich in eine Sackgasse begeben,
musikalische Fragen beantwortet, die normale Menschen niemals stellen.« Gegen Ende jedoch begann sich das Blatt zu
wenden, als zunächst Pierre Boulez und dann das Ensemble
Modern das Zappa-Œuvre mit ihren Interpretationen in einem
neuen Licht erscheinen ließen und Kompositionsaufträge
namhafter Kammer-Ensembles vom Kronos-Quartett bis zum
Aspen Wind Quintet folgten. Zappa, schon immer ein unfle-
xibler Sturschädel, konnte über die Klassikgemeinde ebenso

Der Kampf gegen den Krebs ist vielleicht das einzige, was dem willens-
starken Zappa mißlungen ist. Bis zuletzt arbeitete der Amerikaner, der
Pionier und Idealist, der Mann, der immer nach Freiheit und Unabhängigkeit strebte, in seinem bunkerähnlichen Holzhaus im Laurel Canyon
von Los Angeles. Seine Assistenten mußten 24 Stunden am Tag die TV-
Wirklichkeit mitschneiden, er kontrollierte ehrgeizig sein Gesamtwerk,
das er der Plattenindustrie entrissen hatte, er rauchte schachtelweise
Marlboro, bastelte in seinem gigantischen Tonstudio. Er schimpfte und
scherzte mit seiner Frau Gail und seinen vier Kindern. »Das Leben wird
komplizierter«, sagte der sterbende Revolutionär vor gut einem halben
Jahr, »weil man neben seinen sonstigen Aufgaben auch noch jeden Tag
aufs neue um sein Leben kämpfen muß.«
Nachruf in DER SPIEGEL 50/93

gnadenlos herziehen wie über die Rock-Welt: Er verabscheute die arrogante Trennung zwischen E- und U-Kultur und bestand trotz aller gegenteiliger Beweise darauf, nicht Künstler, sondern »nur« Entertainer zu sein. An seinen wahren Prioritäten gibt es jedoch keinen Zweifel. In einem Interview mit der Zeitschrift ›Pulse‹ im August 1993 definierte Zappa sie folgendermaßen: »Ich hatte von Anfang an nicht die Absicht, Rockmusik zu schreiben. Ich wollte immer Musik komponieren, die mehr Gehalt hat und die in Konzerthallen aufgeführt wird, aber ich wußte auch, daß niemand meine Musik spielen würde. Also dachte ich mir, um jemals etwas von mir zu Gehör zu bringen, muß ich eine Band gründen und Rock spielen.« So also sah der Langzeitplan aus: eine Karriere als Komponist mit Tarnkappe.« (Steve Lake ME/Sounds Special)

Allerdings hatte der Plan nicht immer funktioniert: einige Formationen, die Zappas Musik spielten, waren verdammt gute Rockbands.

Weitere Materialien für Interessierte

a) Musik
Edgar Varèse
Igor Strawinsky
Charles Ives
Arnold Schönberg
Anton Webern
John Cage
Conlon Nancarrow
Michael Dougherty
Pierre Boulez
György Ligeti
Krzysztof Penderecki
Toru Takemitsu
Gidon Kremer
Kronos Quartet

b) Literatur
John Brunner, ›Schockwellenreiter‹ 1979/1990
Cordwainer Smith (i. e. Paul Myron Anthony Linebarger, 1913–1966),
    ›The Best Of‹, 1975
ders., ›Norstrilia‹
ders., ›The Instrumentality Of Mankind‹
ders., ›The Quest Of The Three Worlds‹

Citizen Zappa

»Diese Idioten, Mann, die haben doch keine Ahnung, wer oder was hinter der

Don't forget to register to vote!
Frank Zappa

Regierung steht. Die meisten von den Leuten, von denen man sagen kann: ›Ja, der ist in der Regierung‹, *tun* eigentlich gar nichts. Denn die Macht liegt in Wirklichkeit in den Händen von ganz Wenigen. Und viele von denen stehen *außerhalb* der Regierung, denn die Regierung wird teilweise vom Militär und teilweise von den großen Konzernen kontrolliert. Die Machtstrukturen sind ganz ähnlich wie in den südamerikanischen Staaten, wo die führenden Politiker vom Militär vor dem Volk beschützt werden. Wo wäre der Präsident ohne seine SS-Leute? Was wären wir ohne die CIA? Ich denke, es ist an der Zeit, daß die Jugendlichen sich klar darüber werden, daß sie einer Nation angehören, die auf einer gigantischen Lüge aufgebaut ist. Und weil sie hier leben, müssen sie mit dem Stigma all der Scheiße leben, die ihre Vorfahren gebaut haben. Die sind in diesem Land angekommen und haben es einfach geschändet. Sie haben dieses ganze verdammte Land ruiniert. Ganz am Anfang. Die ersten Siedler hier waren einfach Arschlöcher. Eine Handvoll Leute von Schuldnergefängnissen in England … Dann haben wir einen Haufen religiöser Fanatiker, die hier

landen und sich nicht trauen zu ficken. Die fangen an, eine Industriegesellschaft aufzubauen. Und hier hocken ein paar coole Indianer, die schon voll drauf sind, spirituell, die das Land echt *besitzen* – und dann kommen diese kleinen Scheißer hierher, nehmen das Land im Namen Jesu und des Kreuzes, des Felsens und der Schnallen an ihren Hüten in Besitz, besorgen sich einen Truthahn und schreiben den ganzen Mist auf und schwuppdiwupp haben wir eine Nation ... Ich finde, die Jugendlichen befinden sich im Moment in einer sehr zwiespältigen Situation. Eigentlich kontrollieren sie das Land. Vom wirtschaftlichen Standpunkt aus betrachtet. Aber gleichzeitig sind sie auch diejenigen, auf die sich der ganze Haß richtet, den der Rest der Welt gegen dieses Land empfindet – wegen der Habgier der Leute, die vorher am Ruder saßen, ihre eigenen Väter und Mütter, Mann ...« (FZW 108/109)

Zappas Kurzfassung der amerikanischen Geschichte aus dem Jahr 1967 beinhaltete massive Skepsis an der Fähigkeit der rebellischen Jugendlichen, die politische Macht zu erobern. Natürlich hatte er recht damit. Wie hätte es auch anders sein können. Er hatte den Willen zur Macht auf Seiten der Inhaber nur zu treffend eingeschätzt.

»Die Leute, die diese Maschinerie betreiben, sind wirklich krank ... aber sie machen ihre Arbeit mit Hingabe. Und die Drahtzieher im Business sind genauso, denn die haben etwas, woran sie glauben können. Mann, die haben *Geld*, an das sie glauben können ... Die Kids im angeblichen Underground haben nichts, woran sie glauben können.« (FZW 111)

In Zappas Autobiographie nehmen die Themen Zensur und Politik breiten Raum ein. Das hat sicher auch, wie sein Biograph Michael Gray mutmaßte, damit zu tun, daß er in den späten achtziger Jahren, als das Buch entstand, heftig damit konfrontiert war. Andererseits gibt es wahrscheinlich auch so

Man müßte eigentlich nur ein Buch lesen, um **Amerika in den späten Achtzigern** zu begreifen: ›Generation Of Swine‹ von Hunter S. Thompson, die zweite Folge der ›Gonzo Papers‹. In diesen ›Geschichten der Schande und der Erniedrigung‹ zeichnete der brillante Autor das Sittenbild eines seelenlosen, um das goldene Kalb tanzenden Amerikas mit seinem einfältigen, einsamen Präsidenten Reagan, den anscheinend keiner mochte, außer Richard Nixon, der häufig mit ihm telefonierte. Oder man erinnere sich der späten Erkenntnis eines Ezra Pound, nicht Wucherzins (*usura*) sei das Grundübel, sondern Gier (*avaritia*).

etwas wie eine negative Dialektik der konzeptionellen Kontinuität. In einem Grateful Dead-Song (›Truckin'‹) ist das sehr einfach auf den Begriff gebracht: »They just won't let you be, oh no ...«

Auf Zappa angewandt, bedeutete das, daß er in seinen verfassungsmäßig verbrieften Rechten der freien Meinungsäußerung und der freien Ausübung künstlerischer Darstellung immer wieder offen oder versteckt behindert wurde. Er hat trotzdem nie mit seiner Meinung hinter dem Berg gehalten.

»In der Politik muß sich was verändern. Die Regierung hat doch keine Ahnung, was junge Leute brauchen. Auf den hohen Positionen sollten ein paar Lakaien sitzen, die bestimmte Jobs für einen erledigen – statt dessen hockt da ein Haufen Größenwahnsinniger, die mal schnell zwischendurch ein bißchen Macht ausüben, hier einen Vertrag über einen Damm und dort einen Vertrag über eine Brücke abschließen, Immobilien verschieben und die große Kohle einstreichen. Alles, was man braucht, um Politiker zu sein, ist ein grauer Anzug, ein lahmes Grinsen und ein Slogan zur Eindämmung der Kriminalität.« (FZW 118)

Bewußtsein entsteht bekanntlich durch Einsicht. Nicht nur bei Künstlern bedarf es meist der Erfahrung am eigenen Leib, bis sie begreifen, was strukturelle Gewalt in der Gesellschaft und damit auch im Kulturbetrieb bedeutet. Museen, die unter Druck gesetzt werden, Bilder abzuhängen, Theater- und Kinoaufführungen, die von Sektierern blockiert werden, erregte parlamentarische Hinterwäldler-Debatten über angeblichen Jugendschutz, der längst tatsächlich praktizierte Erwachsenen-Zensur ist, Aufhebung verfassungsrechtlicher Grundwerte wie des Rechts auf Eigentum, wenn es um bestimmte Formen von Pornographie geht (um welche Formen welcher Inhalte wird es als nächstes gehen? Bücher? Fotos? Filme? Comics?

Pounds Erkenntnis korrespondierte mit der Helmut Salzingers, der für die nach 1955 Geborenen den treffenden Begriff *greedy generation* prägte. Wer es billiger haben will, kann auch zu Bret Easton Ellis' ›American Psycho‹ greifen, wird aber weniger über die Hintergründe der Misere erfahren als über die Befindlichkeit zuviel verdienender Koksnasen. Für die Gegenwart gibt Douglas Copland in ›Microslaves‹ Auskünfte und die Zukunft scheint sich analog zu den Anti-Utopien John Brunners (›Schockwellenreiter‹) oder William Gibsons (›Neuromancer‹) zu entwickeln – als Seifenoper im Cyberspace.

Computerdateien?) oder der freien Meinungsäußerung und des freien Ausdrucks, die angeblichen Persönlichkeits-Rechten von Prominenten geopfert werden, die in den meisten Fällen erst einmal den Nachweis erbringen müßten, solche zu sein. Wenn eine Tendenz zur Zensur zunehmenden Totalitarismus kennzeichnet, dann lebt die westliche Welt auch nach dem Zusammenbruch des totalitären Kommunismus unter immer heftiger zunehmenden totalitären Verhältnissen.

Gewisse Formen der Medien-Diktatur scheinen das zu bestätigen. Die massenmedialen Lügen zur Rechtfertigung des Golfkrieges waren ähnlich perfide wie die des Angriffskrieges gegen Restjugoslawien. Abweichende Meinungen und kritische Information konnten fast nur noch im Internet verbreitet werden. Ein Spionage-Netz wie das weltumspannende Echelon-System bespitzelt nicht nur die Feinde der westlichen Demokratien England und USA, sondern auch deren europäische Partner. Nicht, daß es unter irgendwelchen Mullahs oder in Peking gesitteter zuginge. Womöglich ist man sich einiger, als den Künstlern und Intellektuellen weltweit lieb sein kann. Die vergleichsweise schwachen offiziellen Reaktionen auf die Salman Rushdie-Hatz fördern den Verdacht.

Man muß noch lange kein Paranoiker oder gar Anhänger irrationaler Verschwörungstheorien sein, um sich angesichts der entwickelten technischen Möglichkeiten zu gruseln und Angst um Menschenwürde und Intimsphäre zu haben. Immer wieder haben gerade Rockmusiker darauf hingewiesen; vielleicht, weil sie zu den Laien gehörten, die am ehesten Einblick in neueste technische Entwicklungen auf dem Gebiet der Kommunikationstechnik hatten. Und jedenfalls ist einer skrupellosen Politik gegenüber Mißtrauen mehr angebracht als grenzenlose Naivität dem Wahrheitsgehalt von Fernsehbildern gegenüber.

Kein Grund zur Paranoia: Wenn alle Bereiche des Lebens erfaßt sind und überwacht werden, ist die radikaldemokratische Utopie von der Chancengleichheit endlich erreicht. Das Fernsehen als erste Sozialisations-Instanz liefert mit fröhlichem Zynismus die Muster-Soap ›Big Brother‹. Die Verkehrsbetriebe der Metropolen leuchten in Tateinheit mit der Polizei die dunklen Winkel der Stadt aus und der kleine Ladendieb kann mit der neuesten englischen Software aufgrund der Struktur seiner Gesichtsknochen erkannt und dingfest gemacht werden. Das grüne Gen-Süppchen brodelt derweil in den Laboren. **Huxwell hatte doch recht.**

Im digitalen Zeitalter verlieren Begriffe wie Authentizität
und Echtheit ihre hergebrachte Bedeutung. Zappa hat das in
seiner Produktionsweise vorbildlich reflektiert, indem er xenochron mixte und als einer der ersten intelligent mit Sam-
ples arbeitete. Und er bewies, daß auch im digitalen Zeitalter
Wahrhaftigkeit möglich ist, indem er die technischen Prozes-
se offenlegte.* Aber auch damit lag er quer zur allgemeinen
gesellschaftlichen Verlogenheit, die er in seiner Autobiographie
heftig anprangerte.

»Heutzutage scheint die Ehrlichkeit im US-Geschäftsleben
auf dem niedrigsten Stand der Geschichte zu sein. Es gibt
dafür eine Reihe von Gründen. Wenn politische Führer keine
Ehrlichkeit zeigen, wenn in den Medien permanent gelogen
wird – dann gewöhnt sich jeder an ›Die Große Lüge‹ als Teil
des normalen Lebens. An diesem Punkt wird Ehrlichkeit zu einem reichlich altmodischen Konzept – niemand will mehr ehrlich sein, weil man dann möglicherweise zum Schlußlicht wird.

Ich würde sagen, daß heutzutage Unehrlichkeit die Regel
und Ehrlichkeit die Ausnahme ist. Statistisch gesehen könnte
es durchaus sein, daß es mehr ehrliche als unehrliche Leute
gibt, aber die wenigen an den Schalthebeln der Macht sind
nicht ehrlich, und das gibt den Ausschlag. Ich glaube nicht,
daß wir einen ehrlichen Präsidenten haben. Ich glaube nicht,
daß er von ehrlichen Leuten umgeben ist. Ich glaube nicht,
daß die meisten Leute im Kongreß oder im Senat ehrlich sind.
Ich glaube nicht, daß die führenden Wirtschaftsvertreter ehrlich sind. Wir lassen sie damit durchkommen, weil wir nicht
ehrlich genug sind, uns der Tatsache zu stellen, daß wir von einer Bande wirklich mieser Typen manipuliert und beherrscht
werden.« (FZIAM 234)

Wahrhaftigkeit war es, die der überzeugte Nichtlügner
Frank Zappa bei den Politikern am meisten vermißte, insbe-

---

* Fast unnötig zu erwähnen, daß die
massenmediale Musikindustrie genau das Gegenteil bis zum Exzeß
praktiziert. Nicht nur, daß alles
Playback und Konserve ist, auch
die Konserven sind nicht selten
gefälscht, ein Milli pro Vanilli gilt
als Maßeinheit.

sondere bei denen am rechten konservativen Rand. Figuren wie Richard Nixon erregten seine Abscheu in so hohem Maß, daß er sie persönlich angriff. Die Heuchelei, die etwa anläßlich des Abtritts von Tricky Dick, wie ihn Country Joe McDonald genannt hatte, im Jahr 1994 herrschte, veranlaßte auch Gonzo-Gottvater Hunter S. Thompson zu einer wütenden Polemik.

»Er war ein Schwein von einem Mann und ein sabbernder Trottel von einem Präsidenten. Nixon war solch ein Gauner, daß er Bedienstete brauchte, die ihm jeden Morgen in die Hosen halfen. Sogar sein Begräbnis war illegal. Seine Überreste hätte man in einer Mülltonne verbrennen sollen.«

Zappa wies in seinem Buch darauf hin, wie die äußerste Rechte funktionierte, durch Korruption und illegale Tricks, wie sie mit unsäglichen fundamentalistischen Spinnern, Terroristen und Irren kooperierte, um eine Demokratie zu stürzen, die in der Wahl ihrer Mittel auch schon nicht mehr sehr wählerisch war, aber wenigstens die Grundrechte noch respektierte, wenn sie vor Gericht dazu verurteilt wurde.

»Die USA sind in jeder Hinsicht polarisiert. Teil der amerikanischen Konformität ist, daß man immer zwischen zwei Alternativen wählen muß. Du bist entweder konservativ oder liberal, und das definiert dich. Du bist entweder Republikaner oder Demokrat, das definiert dich. Wenn diese Polarisierung demokratisch erfolgen würde, wäre es in Ordnung, aber eine

kleine Anzahl Rechtsradikaler kontrolliert und manipuliert die Medien und alle Mechanismen sozialen Verhaltens.« (FZW 119)

Immer wieder hatte er selbst den Rechtsweg beschritten, um Vertragsbrüche seiner

54 »Tricky Dick« Nixon

>Ich wäre der perfekte Präsident, aber ich bin noch nicht soweit. Ich würde nicht nur gewinnen, ich würde die Sache auch gut machen.«
Frank Zappa (FZW 120)

Geschäftspartner zu ahnden oder deren »kreative Buchführung« transparent zu machen, um Forderungen gegen ihn abzuwehren oder selbst welche durchzusetzen. Nicht selten verlor er dabei, und nicht nur in England. Aber niemals äußerte er sich gegen das demokratische Prinzip der Trennung von Exekutive, Judikative und Legislative. Er bekämpfte im Gegenteil heftig alle Versuche diverser Lobbyisten, die Konturen zu verwischen.

Konsequent, wie er in seinem Engagement für die Ausübung des Wahlrechts als fast einzigem legalem Mittel bürgerlicher Einflußnahme auf die Politik war, spielte er schließlich ernsthaft mit dem Gedanken, als Präsidentschaftskandidat anzutreten. Nur seine schwere Krankheit hielt ihn letztlich davon ab.

1989 veränderten sich die Machtverhältnisse auf der Welt entscheidend. Der Zusammenbruch des kommunistischen Blocks unter sowjetischer Hegemonie öffnete den Weg zur Demokratisierung östlicher Staaten wie Ungarn und Tschechien nach westlichem Vorbild. Andere, wie Polen oder Kroatien, kamen unter den direkten Einfluß des Vatikans, der wiederum seit langem mit der amerikanischen extremen Rechten paktiert und im Fall Polen direkt mit der CIA zusammengearbeitet hatte. Zappa beschloß, seine unternehmerischen Interessen selbst zu vertreten. Er flog nach Moskau, verhandelte über Lizenzausgaben seiner Alben und besuchte auf dem Rückweg Václav Havel, der schon im Untergrund einer seiner treuen Fans gewesen war.

Erstaunt stellte Zappa fest, daß er in den östlichen Ländern einen Kult-Status als politischer Oppositioneller genoß, der

Nachdem ich mir erstmal einen Tag lang das Leben in der Tschechoslowakei angeschaut hatte, fuhr ich auf den Hradschin, wo ich mich mit Präsident Havel traf. Der Präsident erzählte mir, daß ihm meine frühen Platten mit den Mothers Of Invention und die LP ›Bongo Fury‹ mit Captain Beefheart besonders gut gefielen. Er bat mich außerdem, anläßlich seiner Staatsvisite in den USA auf einem Konzert zu seinen Ehren zu spielen. Er hoffte, daß auch die Rolling Stones und Joan Baez spielen würden.
Frank Zappa

mit seiner tatsächlichen Praxis und auch – vorsichtig gesagt – mit einigen seiner aktuellen praktisch-konservativen Ansichten nicht ganz übereinstimmte. Das freilich interessierte insbesondere die tschechischen Fans überhaupt nicht. Sie waren überglücklich, Zappa bei sich zu haben. Havel ernannte ihn zu einer Art Kultur-Vermittler, eine Rolle, die Zappa in seiner restlichen Lebenszeit nicht mehr wirklich ausfüllen konnte, zumal die amerikanische Regierung sofort intervenierte, als sie davon Wind bekam.

Dabei wäre Zappa, der sich häufig als praktischen Konservativen bezeichnete, ein geradezu idealer Repräsentant der echten amerikanischen Verfassungswerte gewesen. Doch an der Regierung war George Bush, ein Republikaner ohne Skrupel, den die Verfassung genausowenig interessierte wie den Kanzler des rekonstruierten Gesamt-Deutschlands. Schließlich lief das an, was man inzwischen Globalisierung nennt.

»Missionarischer Evangelismus ist der Gipfel kultureller Arroganz. In ein anderes Land zu gehen und durch Tricks, Nahrungsmittelspenden oder medizinische Behandlung zu versuchen, für Jesus, Buddha, Mohammed, L. Ron Hubbard, Sun Myung Moon – oder wen auch immer – ›Seelen‹ zu fangen, setzt voraus, daß der Typ mit dem Reisebudget und der Injektionsspritze dem ›Eingeborenen‹, den er ›retten‹ will, ›spirituell‹ überlegen ist. Das Ziel des US-Evangeliums ist zumeist die Kontrolle einheimischer Arbeitskräfte gewesen, um sie später einem multinationalen Konzern zur Ausbeutung anzubieten (der vielleicht insgeheim für den Kreuzzug »spendet«). Dies ist die schlimmste Form von amateurhafter Außenpolitik.«

Die Gangart der frühen neunziger Jahre war entschieden retro; wie in den von nun an nostalgisch verklärten reaktionären fünfziger Jahren lautete die Devise: »Keine Experimente!« In gewisser Weise lief diese Tendenz sogar parallel zu Zappas

Es kostete 5000 Dollar, mich in den USA als Repräsentanten einer ausländischen Regierung registrieren zu lassen. Nachdem mir die Position angeboten worden war, stattete Außenminister James Baker der Regierung Havel einen Besuch ab und riet ihr, keine Geschäfte mit mir zu machen. Als ich den Titel dann hatte, erhielt die Regierung Havel einen Brief von Außenminister Baker, in dem sie aufgefordert wurde, mich meines Postens zu entheben.

Frank Zappa FZW 136

eigener Entwicklung, der nun vorwiegend mit der Sichtung und Aufbereitung seiner musikalischen Vergangenheit und seiner Etablierung als seriöser Komponist befaßt war. Es gab auch sonst nichts zu tun.

Die Massenmedien waren auf dem niedrigsten Niveau seit Bestehen angelangt. Nicht, daß es nicht noch billiger, schlechter und dümmer gegangen wäre, aber für jemanden wie Zappa war auch jetzt schon kein Platz mehr. Gerade eben, daß im deutschsprachigen Raum noch einige letzte Dokumentationen entstanden, die dann spät nachts in dritten Programmen gesendet wurden. Gerade noch, daß seine Autobiographie in mehreren Auflagen verkauft werden konnte, gerade noch, daß er das eine oder andere Projekt seiner Kinder anschieben konnte.

Ebenso entschieden wie in weltpolitischen Fragen war Zappas Einstellung zu Glaubensgemeinschaften jeglicher Art. Vor allem bestand er auf der absoluten Trennung von Kirche und Staat, wie sie in der amerikanischen Verfassung festgeschrieben ist. Es gab und gibt aber immer wieder Bestrebungen, diese Trennung aufzuheben und eine Art christlich geprägter Diktatur zu errichten.

Ich glaube weder an die Glaubensbekenntnisse der jüdischen Kirche, der römischen Kirche, der griechischen Kirche, der türkischen Kirche noch irgendeiner anderen Kirche, die ich kenne. Mein Geist ist meine eigene Kirche.
Thomas Paine

Es fügt mir keinen Schaden zu, wenn mein Nachbar behauptet, daß es zwanzig Götter gibt oder keinen. Es kostet weder meine Zeit noch meine Nerven.
Thomas Jefferson

Die Vereinigten Staaten basieren in keiner Hinsicht auf dem christlichen Glauben.
George Washington

von Frank Zappa in seiner Autobiographie zitierte Aussprüche (und Abbildungen)

»Ich weiß, daß Sie es schon wissen, aber noch einmal, Freunde: In der Verfassung der USA steht, daß Kirche und Staat getrennt sein müssen. Außer der »Moralischen Mehrheit« (Moral Majority) gibt es einen Haufen anderer Gruppen in der TV-Religionsindustrie, die behaupten, konservativ zu sein, in Wirklichkeit aber das US-Äquivalent zu den Arschlöchern sind, die den Mittleren Osten in die Luft jagen. Jeder, der behauptet, daß die Straße zur Rechtschaffenheit in irgendeinem Buch ... aufgezeichnet ist, ... der ist (mindestens) ein Arschloch oder (was wahrscheinlicher ist) ein Fanatiker im klinischen Sinn des Wortes.« (FZIAM 331)

Ansichten eines verrückten Musikers? Vielleicht. Schwer zu fassen jedenfalls für brave Untertanen, die an ihren Illusionen kleben wie die Fliegen am Pferdeapfel. Besonders natürlich in einem Land, indem der Staat auch noch den Steuerbüttel für die Kirchen spielt, was er nicht einmal im finsteren Mittelalter tat.

Angesichts der Zunahme des weltweiten religiös fundierten Radikalismus, der immer offener auch von den kämpferischen Weltkirchen unterstützt wird, erweist sich Zappa als klug voraussehender Anhänger einer rationalen, säkularen, demokratischen Gesellschaft, die auch schon genug damit zu tun hätte, permanent die Fehlentwicklungen innerhalb ihres Systems zu korrigieren und zu stoppen. Der Aberwitz, den unverbesserliche Narren nicht nur verkünden, sondern auch praktizieren, forderte seinen drastischen Widerspruch heraus.

»In der Anfangszeit der Reagan-Regierung wurden wir Zeuge von Testprozessen, in denen es unter anderem um das Schulgebet, die Evolutionstheorie und ähnliches ging. Eine der Folgen war, daß auf dem Höhepunkt der Auseinandersetzung, die die Illusion von ›Fairness‹ vermitteln wollte (einer unserer größten Fehler, wie ich hinzufügen möchte), in den kalifor-

Mitanzusehen, wie ein gestörter Mullah mit einem Gewehr in der Hand ... Heerscharen zukünftiger Märtyrer ermahnt, auch ja ins Gras zu beißen, ist nicht gerade amüsant, nicht einmal aus einer Entfernung von fünftausend Meilen. Jerry Falwell [der TV-Evangelist, CLR] erklärte im August 1988 in einer Larry King-Show, daß seine Anhänger bereit sein sollten, »wenn nötig zu sterben«, wenn sie sich an Anti-Abtreibungs-Aktionen beteiligen. Wir wären gut beraten, die selbsternannten Heiligen in unserem eigenen Hinterhof im Auge zu behalten – Jesse Jackson eingeschlossen. *Frank Zappa (FZIAM 333)*

nischen Schulen die Entscheidung getroffen wurde, neue Lehrbücher zu bestellen. Sie sollten sowohl die christliche Schöpfungslehre als auch die wissenschaftliche Evolutionstheorie berücksichtigen. Als die Bücher schließlich geliefert wurden, war in ihnen so wenig ›Wissenschaft‹, daß sie zurückgegeben werden mußten (und wahrscheinlich an ein anderes Schulsystem verkauft wurden). An dieser Stelle verdamme ich die Kretins, die dafür verantwortlich gewesen sind, mit einem Fluch:

›Amerikanismus gleich Christentum gleich gute Finanzpolitik gleich fünfzehn Minuten bis Armageddon – aber Armageddon ist okay, weil wir alle in den Himmel kommen werden und die anderen nicht!‹ Mein bescheidener Fluch: ›Möge eure Scheiße lebendig werden und euch küssen.‹«

Also sprach Citizen Zappa.

56 Señor Zappa 1992

Weitere Materialien für Interessierte

a) Musik
Frank Zappa, Das Gesamtwerk
Dead Kennedys, Das Gesamtwerk,
  besonders ›Fresh Fruit For Rot-
  ting Vegetables‹ 1980
Jello Biafra, Das Gesamtwerk,
  besonders ›Prairie Home
  Invasion‹ 1994
The Fugs, Das Gesamtwerk, u.a.
  ›The Real Woodstock‹ und ›Li-
  ve From The 60s‹ (1965–1969)

b) Zitate
Die Demokratie. Nichts bürgt si-
cherer für die Demokratie und die
den Menschenrechten zugrunde-
liegenden Prinzipien als die dem
Weltmarkt innewohnende Not-
wendigkeit, irgendwem irgendetwas zu verkaufen. Daraus folgt,
daß die Werte der Vergangenheit
im Takt veralteter Waren ver-
schrottet werden, auch wenn ihre
archaischen Überbleibsel zur Ver-
arbeitung eines vergänglichen
Modernismus verwendet werden.
  Die Subversion. So verbreitet
die Ökonomie besser und schnel-
ler als eine Horde spezialisierter
Aufwiegler die Subversion. Es
genügt, einen Blick auf die spekta-
kulären Auslagen zu werfen, in
denen die Gesellschaft die Model-
le ihrer Ehrbarkeit und Nieder-
tracht zur Schau stellt. Dort stehen
fast nur noch verblaßte Exemplare
von Königen, Priestern, Päpsten,
Polizisten, Militärs, Adligen zwei-
felhafter Herkunft, Bourgeois,
Bürokraten, Proletariern, Reichen
und Notleidenden, Ausbeutern
und Ausgebeuteten … herum. Es
fällt einem schwer zu glauben,
daß noch vor kurzem glühende
Gefühle des Hasses und der Be-
wunderung um solch groteske
Affen herum entstanden sind.

Niemals ist eine Epoche dermaßen
zu Preisen ausverkauft worden,
die jeder Konkurrenz spotten.
  Die Hellsichtigkeit. In den 60er
Jahren war noch eine Spur von In-
telligenz nötig, um den gesellschaftlichen Kontext zu entziffern. Noch
brauchte man Hellsichtigkeit, um
die Zeichen des Bankrotts wahrzu-
nehmen. Dreißig Jahre später erfaßt
man beim ersten Blick von einem
Ende des Erdballs zum anderen die
verfallene Bühne, das abgenutzte
Spektakel, die lächerlich geworde-
ne Macht, die ausgefransten Rol-
len einer zusammengeflickten,
knauserigen Ökonomie. Ungeniert-
heit und Langeweile lassen den
Vorhang über eine tausendjährige
Tragikomödie fallen. Die Ökonomie hat das Reich gegründet und
zerstört, das die Menschen gleichzeitig mit dem eigenen Untergang
aufgebaut haben. Jeder verläßt den
Umkleideraum ohne brauchbare
Verkleidung. Es bleibt nur noch,
vor sich und am besten zu sich
hinzugehen, ohne andere Richt-
schnur als die in jedem Augenblick
aufblitzende Lust.« Raoul Vaneigem, ›An die Lebenden‹, S. 78/79

c) Literatur
Hunter S. Thompson, ›Generation
  Of Swine‹ 1988
Ken Kesey, ›Demon Box‹ 1986
Henry David Thoreau, ›Walden‹
  1854
Peter B. Levy, ›America In The
  Sixties. Right, Left, And Center.
  A Documentary History‹ 1998
Raoul Vaneigem, ›An die Lebenden‹
  1997
Guy Debord, ›Die Gesellschaft des
  Spektakels‹ 1967
R. A. Wilson, ›Lexikon der Ver-
  schwörungstheorien‹ 2000

d) Weiterführende Literatur

Eine Untersuchung, die Frank Zappa in eine lange, glorreiche Tradition des euro-amerikanischen aufgeklärten Individualismus, Materialismus, Atheismus und Skeptizismus seit den Zeiten eines Voltaire, d'Holbach oder Lamettrie stellte, steht (noch) aus. Sie ist ein Desiderat, aber auch eine große Aufgabe.

Abbé Barruel, ›Nachrichten zur Erörterung der Geschichte der Jakobiner‹ 1802

John Robison, ›Beweis einer Verschwörung‹ 1798

Friedrich Maximilian Klinger, ›Geschichte eines Teutschen der neuesten Zeit‹ 1798

Peter Philipp Wolf, ›Salvator‹ 1784

Josef Milbiller, ›Sincerus,der Reformator‹ 1787

Adam Weishaupt, ›Pythagoras oder Betrachtungen über die geheime Welt-und Regierungskunst‹ 1790

Anonymus, ›Der Antichrist‹ 1786

John Most, Die ›Gottespest und andere Schriften‹ 1986

Ludwig Feuerbach, ›Das Wesen des Christentums‹ 1846

e) Quellen

›Aufklärung und Französische Revolution‹, Katalog 28. Antiquariat Wolfgang Braecklein 1988

Bibliothek des Autors

What's New In Baltimore?
Der gelbe Haifisch ist nicht mehr,
aber Musik ist immer noch das Beste

Der gelbe Haifisch, ein Geschenk aus Plastik, das seit langem in Zappas Studio hing, war seiner Rückenflosse wegen eigentlich eher ein Marlin. Aufgetaucht war er erstmals live im Fillmore und seither genauso sprichwörtlich geworden wie der gelbe Schnee. Wie immer man ihn betrachtete, er war ein humoriges Tier und ein guter Titelgeber für Zappas letztes öffentlich aufgeführtes Werk.

›Yellow Shark‹ war die Quersumme der Auseinandersetzung Zappas mit der zeitgenössischen Ernsten Musik, ein Konzentrat seiner besten musikalischen Erfindungen und Ideen. Die Aufführung in Frankfurt, die auf Video und auf dem gleichnamigen Album dokumentiert wurde, war ein umjubeltes Ereignis und etablierte Zappa endgültig als seriösen Komponisten. Wer freilich seine kritischen Ohren nicht an der Garderobe abgegeben hatte, mußte auch hier konstatieren, daß bei allem kompositorischen Können der Umgang mit dem Material einen unerwartet und unnötig großen Respekt vor den etablierten Komponisten des zwanzigsten Jahrhunderts zeigte und

57 Frank Zappa und das Ensemble Modern während einer Probe in Frankfurt

manches epigonal klang. Unzweifelhaft aber war ›Yellow Shark‹ ein persönlicher Triumph für den schwer kranken Zappa, der Teile des ersten und dritten Konzerts selbst dirigierte.

Sein allzu früher Tod verhinderte die nächsten Schritte seiner künstlerischen Entwicklung, über die nur noch spekuliert werden kann. Möglicherweise wäre es irgendwann zu einem völlig freien Umgang mit der Formensprache der Moderne gekommen, möglicherweise hätten sich bisher unbekannte Großformen entwickelt, Interaktionen zwischen Tänzern, einer Rockband und Orchester, wie Zappa sie seit ›200 Motels‹ immer wieder geplant hatte und wie er sie auch in seinem posthum veröffentlichten Album ›Civilisation Phase III‹ angestrebt hatte.

Das Universum Zappa war und bleibt ein offenes System, das von verschiedenen Seiten her betreten und in verschiedenen Richtungen begangen werden kann. Welche seiner vielen Talentproben und Manifestationen sich als dauerhaft erweisen werden, wird sich zeigen. Einen Rang als konsequenter Innovator hat er im Kontext der progressiven Rockmusik bereits dauerhaft sicher, einige seiner Filme setzten formale und technische Maßstäbe, sein konsequenter Alleingang in Produktion und Distribution von Musik könnte in Zeiten des Internets und der Datenkomprimierung auch für andere Komponisten vorbildhaft werden.

Andererseits war Zappa in seinem Festhalten an einem veralteten bürgerlichen Werk-Begriff ausgesprochen konservativ. Als ausgeprägt unternehmerischer Individualist war er wohl nicht fähig, als Gleicher unter Gleichen zu arbeiten, höchstens als *primus inter pares*. Das mochte in den meisten Fällen sachlich und fachlich begründet sein, viele menschliche

58   Ein Takt aus Zappas Schaffen

Schwierigkeiten, insbesondere im eigentlich egalitären Underground-Rockband-Kontext, hatten ihre Ursache darin. Nicht zuletzt hat Zappa sein leicht vampirisches Verhalten den Ideen seiner Mitmusiker gegenüber und deren daraus resultierender Paranoia mehrfach zum Gegenstand der eigenen Satire gemacht. Der Grundwiderspruch lag im eigentlichen Konzept einer Band als »kleiner intelligenter Einheit« (Robert Fripp). Zappa führte seine Musiker wie ein Orchester-Chef und ließ ihnen nur dann Freiraum, wenn es ihm ins Konzept paßte. Dabei hätte gerade er, der mit hierarchisch verfaßten, bürokratisierten Klangkörpern nichts als schlechte Erfahrungen gemacht hatte und sich immer wieder höchst kritisch über das borniert System der E-Musik-Fabrikation äußerte, es besser wissen müssen.

Andererseits freilich profitieren von Zappas Sinn für das eigene Werk und von seiner Dokumentations-Wut die Plattenfirma, die ein geordnetes und reichhaltiges Archiv verwerten und sukzessive veröffentlichen kann, der Zappa Family Trust, der ebenfalls noch Rechte und unveröffentlichtes Material besitzt, darunter einige Klassik-Aufnahmen mit Varèse-Kompositionen, sowie die Zappalogen und Fans, denen das sammelwürdige Material nicht so leicht ausgehen wird.

Angefangen hatte Zappa mit der Archiv-Auswertung noch selbst. Insbesondere die sechsteilige Reihe ›You Can't Do That On Stage Anymore‹, die Konzertmitschnitte aus allen Perioden seines Schaffens bot, war ein seit langem versprochenes Lieblingsprojekt gewesen. ›Playground Psychotics‹ brachte unter anderem Material aus der Lennon/Ono-Kooperation in neuen Abmischungen zu Ungunsten der japanischen Schreierin, ›Ahead Of Their Time‹ einen Konzertmitschnitt aus der Frühzeit der Mothers.

Mit grimmigem Humor hatte Zappa auch das Bootleg-Problem gelöst. Anstatt sich auf die aussichtslose juristische Ver-

Bootlegger waren ursprünglich illegale Schnapsbrenner, die ihren selbstgebrauten Fusel unter der Hand verkauften. Bootlegs von Rockkonzerten waren wie die ersten Raubdrucke kritischer Literatur ein Versuch, schwer erhältliches oder von den Verlagen und Plattenfirmen gesperrtes Material zugänglich zu machen. Der Nachteil dabei war, daß die Bootlegger in den meisten Fällen das Urheberrecht ignorierten und keine Tantiemen zahlten. Es ist allerdings noch kein Pop-Star deswegen verhungert. Gruppen wie die Grateful Dead ermutigten ihre Fans sogar zu Mitschnitten.

folgung der Bootlegger einzulassen, schlug er sie mit ihren eigenen Mitteln, indem er die sechzehn bekanntesten Bootleg-Alben unter dem Motto: ›Beat The Boots, Vol. 1 & 2‹ auf dem eigens dafür installierten Label Foo-Eee in Eigenregie veröffentlichte. *Bootlegging the bootleggers* – die geniale Lösung eines viel zu oft viel zu hochgehängten Problems.

Unter den nach Zappas Tod erschienenen, aber noch von ihm selbst bearbeiteten Veröffentlichungen ragt vor allem das Doppelalbum ›Civilisation Phase III‹ heraus. Es enthält neben der meisterhaften Synclavier- Komposition ›N-Lite‹ Zeit bezogenes wie ›Reagan At Bitburg‹ oder ›Amnerika‹. ›Civilisation Phase III‹ ist ein durchkomponiertes Konzept-Album, das die Reihe der Zappaschen Kommentare zum Aufstieg und Fall der Vereinigten Staaten würdig beschließt. Amerikas Reaktion hinwiederum war typisch: Das Album erhielt 1996 einen Grammy – für die extravagante Verpackung, die Gail und Frank Zappa entworfen hatten. Vom Inhalt war nicht die Rede.

Zu den posthumen Ehrungen, die Frank Zappa zuteil wurden, gehören auch seine Aufnahme in die Rock'n'Roll-Hall Of Fame 1995 und die Namensgebung für den kleinen Himmelskörper 3834: Zappafrank. Sie wurde 1994 von einigen Astronomen bekanntgemacht.

Zappa hatte in seinem Todesjahr 1993 die CD-Bearbeitung seines Back-Katalogs für Ryko-Disc noch vollenden können.

59 Die Familie Zappa in den 90er Jahren: (v. l.) Dweezil, Moon, Papa Frank, Ahmet und Mama Gail

Ab 1995 erschienen die Alben in dieser Ausgabe letzter Hand, promotet von einem Sampler ›Strictly Commercial: The Best Of Frank Zappa‹.

Zappas eigenes Konzept einer Rückschau wurde schließlich in den ›Lost Episodes‹ verwirklicht, die unveröffentlichte Aufnahmen seiner bekanntesten Formationen brachten. Sie erschienen 1996 und enthielten vergleichsweise viel Beefheart-Material.

Aufschlußreich in diesem Zusammenhang waren auch die beiden Cheap-Thrills-Sampler, auf denen unter anderem die erste Aufnahme von ›Trouble Coming Every Day‹, gesungen von Captain Beefheart, auftauchte.

Zusammen mit der ›Mystery Disc‹ und ›Cucamonga‹, einer Sammlung von alten Surf-Platten, die unter Beteiligung Zappas entstanden waren, rundete sich nun das Bild der legendären Frühzeit und erwies sich als wahrhaft exzentrisch, genialisch und *freaky*, wie nun jedermann, jedefrau und jedeskind nachhören konnte.

Ein widerspruchsfreies Idealbild Zappas zu konstruieren, wäre vermutlich nicht in seinem Sinn, höchstens in dem seiner verbohrtesten Fans. Aber kaum jemand dürfte widersprechen, wenn man ihn als einen im Übermaß talentierten Unterhaltungskünstler des späten zwanzigsten Jahrhunderts bezeichnete. Denn auch dort, wo Zappa sich der Formensprache der klassischen Moderne bediente, tat er das in der direkten

Diva ist ein liebes kleines Mädchen. Sie ist gerade neun geworden. Sie macht jede Menge »normale Kleinmädchensachen«, aber (Gott sei's gedankt!) sie hat auch ihre bizarre Seite. Einmal hatte sie eine Barbiepuppe, doch Ahmet brannte ihr fast das ganze Haar ab, so daß Diva das Werk vollendete, indem sie der Puppe Knetmasse ins Gesicht drückte und Nase und Stirn deformierte. (Ich bin sicher, daß es irgendwo eine Organisation gibt, die dagegen protestieren würde.) Diva nannte sie »Rüsselfrau« (nicht schlecht, Kleines). Seither ist Dada in meinem Haus lebendig und aktiv. Obwohl die Kids nicht die blasseste Ahnung haben, was Dadaismus ist, sie haben ihn. Das ganze Haus und alles, was in ihm vor sich geht, ist davon durchdrungen. International Absurdities (1968 gegründet) ist eine Gesellschaft, die sich dem Dada in Aktion gewidmet hat. Anfangs wußte ich nicht einmal, wie ich das Zeug nennen sollte, das mein Leben prägte. Sie können sich mein Entzücken vorstellen, als ich entdeckte, daß jemand in einem fernen Land dieselbe Idee – *und* einen hübschen, kurzen Namen dafür hatte. *Frank Zappa (FZIAM S. 288/289)*

Nachfolge der Dadaisten und Surrealisten, Satie & Co. auf der Spur.

Dadaistische Collage-Techniken verwendete Zappa von Anfang an auf seinen Alben. Als perfektionistischer Toningenieur war er zunehmend in der Lage, seine musikalischen Vorstellungen im eigenen Studio auch technisch selbst umzusetzen.

Ben Watson in ›Frank Zappa als Dadist‹: »Die Dada-Perversität der Methode Zappas erreichte ihren Höhepunkt bei einer live-Aufführung von ›Brown Shoes Don't Make It‹ (›Tinseltown Rebellion‹), einem Musikstück, das ursprünglich aus Tausenden von Overdubs und Schnitten zusammengesetzt war. Zappa zwingt seine Musiker, die technischen harten Schnitte in Echtzeit zu spielen. Darin spiegelt sich eines der zentralen Themen der Avantgarde wider, von den Futuristen, welche ›die Feindschaft, die unser menschliches Fleisch vom Metall der Motoren trennt‹, überwinden wollten, bis zur Cyberpunk-Implantation von Technologie in den menschlichen Körper.

Graphiken auf ›Joe's Garage‹ stellten die Tagträume von Leuten bei der Arbeit dar (ein Mann, der eine Toilette reinigt, denkt an eine Salami; ein Röntgen-Assistent denkt daran, auf einem kleinen Banjo zu spielen). Auch Wilhelm Reich beabsichtigte, den latenten Erotizismus des Alltagslebens in der Industriegesellschaft zu entziffern.«

Als Rockmusiker war Zappa eine der professionellsten und kooperativsten Erscheinungen im Business. Seine angebliche Animosität Journalisten gegenüber war Teil der Anti-Star-Legende. Kaum ein Musiker hat in all den Jahren so viele, so inhaltsreiche und so präzise Interviews gegeben wie Frank Zappa. Und welcher andere hätte schon einem aufgeregten Jung-Interviewer, der mit seinem Aufnahmegerät zu kämpfen hatte, generös eine halbe Artischocke und eine Tasse Kaffee angeboten, geduldig gewartet und dann die (für den Frager) lebenswichti-

---

Die Zugmaschine hat Augen zum Sehen und Beine zum Laufen, ein Maul zum Fressen und Austritts-Öffnungen für Schlacke, Kolben und andere Gegenstände, um damit Geräusche zu machen. Auf diese Weise wird das Produkt mechanischer Technologie zu einer Erweiterung des Menschen selbst. *Wilhelm Reich 1933*

Aus: Ben Watson, ›Frank Zappa als Dadist‹

ge Auskunft gegeben, wo sich Captain Beefheart gerade aufhalte, bevor es dann endlich um seine eigene Musik ging?*

Zappa-Konzerte waren immer auch Happenings, Performances, Rocktheater, an Witz und Spontaneität nicht selten den elaborierten Anstrengungen der Aktionisten im »seriösen« Kunst- und Musikbetrieb weit überlegen und jedenfalls Pop-Art im besten Sinn des Wortes.

Aufklärung durch Witz, Satire und Humor, nicht die Verbesserung Nordamerikas und des Rests der Welt, standen allabendlich auf dem Tournee-Programm, und Zappa und seine jeweiligen Mitmusiker boten, was so leicht klingt und so schwer zu realisieren ist: intelligente Unterhaltung.

Nach seinem Tod haben sich diverse Klassik-Ensembles die Aufgabe gestellt, seine Musik zu spielen. Bemerkenswert sind Veröffentlichungen aus Schweden vom Omnibus Wind Ensemble, aus Frankreich (Le concert impromptu & Bossini) sowie eine Einspielung von Jeffrey Burns, die knapp zehnminütige Zappa-Komposition ›Ruth Is Sleeping‹.

Auf der Pop-Seite stehen die Ed Palermo Big Band, unterstützt von Zappas Meister-Musterschüler Mike Keneally und Bob Mintzer, The Band From Utopia. Unter den reinen Nachspiel-Bands, die durch die USA tingeln, finden sich so kuriose wie Frank McZappa And His Sinister Mothers. Die Landplage (www.landplage.de) singt Zappa deutsch. Im Hunsrück agierten Sheik Yerbouti, die mit ›Insanity Sauce‹ ein einschlägiges Album vorlegten. In Schweden wiederum pflegen die Alt-Avantgarde-Rocker von Sammlas Mammas Manner das musikalische Erbe Zappas neben ihrer eigenen skurrilen Produktion.

Fast noch interessanter als die Nach-Spieler sind Gruppierungen, die mit der Haltung und im Geiste der Mothers agieren. Dazu gehören an vorderster Stelle alle Formationen, in denen Steve Vai, Warren Cuccurullo oder Mike Keneally zu-

---

* Daß im Werk Zappas sogar ein kleiner bayerischer Landler versteckt ist, mag übrigens auch eine Folge dieser oder späterer Begegnungen und/oder häufiger Konzerte in München gewesen sein.

gange waren und sind, letzterer etwa bei Mullmuzzler. Aber auch Gruppen wie Club Foot Orchestra oder Shplang sollten Zappa-Fans in ihre Gehörgänge einspeisen.

In Deutschland ist es vor allem der Jazzmusiker Klaus König, der sich in Arbeitsweise und Haltung an Zappa orientiert. Insbesondere sein heftig collagiertes Doppel-Album ›Reviews‹ wurde zu Recht als »zappaesk« apostrophiert.

Drei Tribut-Alben aus südlichen Ländern weisen auf die Verehrung hin, die Zappa als Melodiker dort genoß. Spanische Gruppen interpretierten ›Unmatched. Tributo A Zappa‹ und ›Evangelio 2‹. Aus Italien kam ›Fast & Bulbous Memorial Barbecue‹.

Wie hieß es doch so richtig in ›arf n. 1‹:

»… just play his music if you're a musician and otherwise play his music anyway. That will be enough for him …«

Weitere Materialien für Interessierte

a) Internet

Laufend neue Informationen unter http://www.zappa.com, der offiziellen Seite des Zappa Family Trust. Um auf zahllose Fan-Sites zu gelangen, gebe man einfach den Namen in eine Suchmaschine ein und lasse sich überraschen.

b) Musik

Erik Satie, Das Gesamtwerk
John Cage, Das Gesamtwerk
Omnibus Wind Ensemble, ›From Mozart to Zappa‹ 1992
Omnibus Wind Ensemble, ›Music by Frank Zappa‹ 1995
›Jeffrey Burns plays Frank Zappa‹ 1992
Meridian Arts Ensemble, ›Smart Went Crazy‹ 1993
Meridian Arts Ensemble, ›Prime Meridian‹ 1995
Meridian Arts Ensemble, ›Anxiety Of Influence‹ 1996
Harmonia Ensemble, ›Harmonia Meets Zappa‹ 1994
Le concert impromptu & Bossini, ›Prophetic Attitude‹ 1997
›The Ed Palermo Big Band Plays The Music Of Frank Zappa‹ 1997
Klaus König, ›Reviews‹ 1996
Sheik Yerbouti, ›Insanity Sauce‹ 1999
Fast & Bulbous, ›Memorial Barbecue. A Tribute To The Music Of Frank Zappa‹
Unmatched, ›Tributo a Zappa‹ 1996
Unmatched, ›Evangelio 2ndo‹ 1997
Club Foot Orchestra, ›Wild Beasts, Kidnapped and more‹ 1993
Shplang, ›Journey To The Center Of Mirth‹ 1995
Explorer's Club, ›Age Of Impact‹ 1998
Mullmuzzler, ›Keep It To Yourself‹ 1999

c) Dokumente

›The Nova Convention‹ 1979
›You're A Hook – The Fifteen Year Anniversary Of Dial-A-Poem‹ 1968–1983, Cash Cow CD

d) Literatur

Erik Satie, Schriften
Ben Watson: ›Frank Zappa As Dadaist: Recording Technology And The Power To Repeat‹ in: Richard Kostelanetz, ›The Frank Zappa Companion‹ 1996, S. 186

Überzeugt, daß Religion und Faschismus solche Strömungen ausbeuten, ohne sie bewußt zu machen, versucht Zappa unseren libidinösen Anteil an der Technologie zu zeigen. Wiewohl parallel mit Vulgarismen vorgebracht, was bedeutet, daß nur wenige seriöse Musikwissenschaftler es bemerken werden, stellt Zappas Dialektik zwischen Technologie und Körper (eine Dialektik, die die klassische Partitur/Musiker-Konfrontation beinhaltet, aber auch den Aufnahme/Improvisations-Prozeß schwarzer Musik) eine Psychoanalyse zur Verfügung, die sowohl mit Wilhelm Reich als auch mit den Futuristen Verbindung aufnimmt.

e) Radiosendung

Frank Zappa, American Composer liegt unter http://www.zappa.com bereit.

Merke: »Was beißt, kann kein Radio sein!« Tick, Trick und Track zitiert nach Grobian Gans, ›Die Ducks‹ 1970
Weitere Zappaphernalia gibt es per Versand bei Barfko-Swill auf der Zappa-Homepage im Internet.

Zeittafel

1940 Frank Vincent Zappa jr. erblickt
      am 21.12. in Baltimore die Welt,
      wie sie ist.
1950 Umzug nach Monterey, CA
1954 Umzug nach El Cajun, San Diego
1955 *The Ramblers* gründen sich, mit
      Frank Zappa an den Drums.
      21.12.: Frank Zappa spricht am
      Telefon mit der Frau des Kom-
      ponisten Edgard Varèse.
1956 Umzug nach Lancaster, CA. Frank
      lernt auf der Antelope Valley High
      School Don Van Vliet kennen.
      Gründung von *The Blackouts*
1957 15.8.: Frank erhält einen Brief
      von Edgard Varèse.
1958 William Ballard läßt Frank Zappa
      das Schulorchester dirigieren. Zur
      Aufführung gelangt ›A Pound
      For A Brown On The Bus‹.
      Frank beendet die High School.
      Das ist das Ende der *Blackouts*.
1959 Herbst: Umzug der Familie nach
      Claremont, CA. Frank geht sechs
      Monate lang auf das Chaffey Ju-
      nior College. Er betätigt sich beim
      Pomona College Radio als DJ.
1960 Frank zieht nach Ontario, CA.
1960–1962 Als Gitarrist bei *The Boogie
      Men*
1960 trifft er die Brüder Kenny und
      Ronnie Williams, zudem lernt er
      Paul Buff kennen.
      28.12.: Frank heiratet Kay Sherman.
      Frank arbeitet im Pal Recording
      Studio.
1961 Juni: Er schreibt den Soundtrack
      zu ›The World's Greatest Sinner‹.
1962 Frank arbeitet in einer Werbe-
      agentur.
1963 Zahlreiche Aufnahmen entstehen
      im Pal Recording Studio, darun-
      ter ›Charva‹, ›How Is Your Bird‹,
      ›Fountain Of Love‹ und ›Any Way
      The Wind Blows‹. Ende des Jah-
      res Scheidung von Kay Sherman
1964 Frank Gitarrist bei den *Soul Giants*

10.5.: *The Mothers* gründen sich:
Ray Collins (voc), FZ (g), Roy
Estrada (b), Jimmy Carl Black (dr).
1.8.: Frank benennt das Pal Recording Studio in Studio Z um.
1965 Anfang des Jahres arbeitet Frank
      Zappa am Filmprojekt ›Captain
      Beefheart vs. The Grunt People‹.
      26.3.: Frank Zappa und Lorraine
      Belcher werden verhaftet. Frank
      verbringt zehn Tage im Knast.
      Im April proben The Mothers
      im Studio Z.
      Im Mai ziehen The Mothers nach
      Hollywood um.
      Aufnahmen für ›Mondo Holly-
      wood‹, eine Partyszene, entstehen.
1966 1.3.: Die Mothers unterschreiben
      bei Verve/MGM.
      März: In den Sunset Highland
      Studios, LA, findet das erste
      große Freak Out der Pop-
      Geschichte statt!
      Juli: ›Freak Out!‹ erscheint. Frank
      lernt Gail Sloatman kennen.
      Nov.: Wieder in den Sunset High-
      land Studios, LA. Aufnahmen
      zu ›Absolutely Free‹. Die Mothers
      fahren nach New York City.
      24.5.–5.9.: Die Mothers führen
      sich im Garrick Theater, NYC
      auf: ›Absolutely Freeee: Pigs &
      Repugnant‹.
      26.5.: ›Absolutely Free‹
      Nov.: Frank spielt bei den Mon-
      kees im Film ›Head‹ mit.
      Dez.: ›Lumpy Gravy‹
1968 Sep. (oder März): ›We're Only In
      It For The Money‹
      Nov.: ›Crusing With Ruben &
      The Jets‹
1969 17.2.: Lenny Bruces ›The Berke-
      ley Concert‹ erscheint, kompi-
      liert von Frank Zappa.
      März: ›Uncle Meat‹
      April: ›Mothermania: The Best
      of The Mothers‹

28.4.: ›An Evening With Wild Man Fischer‹ erscheint, produziert von Frank Zappa.

16.6.: ›Trout Mask Replica‹ (Captain Beefheart & His Magic Band) erscheint, produziert von Frank Zappa.

20.8.: The Mothers of Invention trennen sich.

10.10.: ›Hot Rats‹

8.12.: ›Permanent Damage‹ von den GTO's erscheint, produziert von Frank Zappa.

1970 Feb.: ›Burnt Weeny Sandwich‹

15.5.: ›The Mothers of Invention with the L. A. Philharmonic Orchestra conducted by Zubin Mehta‹ in L A im Rahmen von Contempo 70

24.8.: ›Weasels Ripped My Flesh‹

23.10.: ›Chunga's Revenge‹

1971 9.8.: ›Fillmore East. June 1971‹

18.10.: ›200 Motels‹

4.12.: Im Casino von Montreux bricht bei einem Konzert der Mothers Feuer aus.

1972 10.4. ›Just Another Band From L. A.‹

7.8.: ›Waka / Jawaka‹

11.12.: ›The Grand Wazoo‹

1973 24.9.: ›Over-Nite Sensation‹

1974 1.4.: ›Apostrophe (')‹

10.9.: ›Roxy & Elsewhere‹

1975 25.6.: ›One Size Fits All‹

2.10.: ›Bongo Fury‹

1976 Mai: Manager Herb Cohen wird entlassen.

9.8.: ›Good Singin' Good Playin'‹ (Grand Funk Railroad) erscheint, produziert von Frank Zappa.

Okt.: ›Zoot Allures‹

1978 27.3.: ›Zappa In New York‹

1.7.: Nichtöffentliche Fernseh-Aufführung ›At The Circus‹ im Zirkus Krone in München

Sep.: ›Studio Tan‹

1979 5.2.: ›Sleep Dirt‹

März: ›Sheik Yerbouti‹ und ›Orchestral Favorites‹

3.9.: ›Joe's Garage Act I‹

24.9.: ›Touch Me There‹ von L. Shankar erscheint, produziert von Frank Zappa.

19.11.: ›Joe's Garage Acts II & III‹

1981 17.4.: In New York findet ›A Tribute to Edgar Varèse‹ statt.

11.5.: ›Tinsel Town Rebellion‹

Mai: ›Shut Up 'N Play Yer Guitar‹, ›Shut Up 'N Play Yer Guitar Some More‹ sowie ›Return of The Son of Shut Up 'N Play Yer Guitar‹ erscheinen.

Sep.: ›You Are What You Is‹

1982 3.5.: ›Ship Arriving Too Late To Save A Drowning Witch‹

1983 9.2.: Das ›Edgar Varèse Memorial Concert‹ findet im War Memorial Opera House, San Francisco, statt. Zappa dirigiert ›Ionisation‹ u. a.

4.4.: ›The Man From Utopia‹

März: ›Baby Snakes‹

9.6.: ›The London Symphony Orchestra Vol. 1‹

1984 15.–16.6.: ›A Zappa Affair‹ im Zellerbach Auditorium, Berkeley Das Berkeley Symphony Orchestra unter Kent Nagano.

20.6.: ›A Zappa Affair‹ im San Jose Center for Performing Arts. Das Berkeley Symphony Orchestra unter Kent Nagano

23.8. ›Boulez Conducts Zappa: The Perfect Stranger‹

18.10.: ›Them Or Us‹

21.11.: ›Thing-Fish‹

Nov.: ›Francesco Zappa‹

1985 April: Uraufführung von ›Nove Of The Above‹ durch das Kronos Quartett im Herbst Theater, San Francisco

19.4.: ›The Old Masters Box One‹

8.5.: In der Alice Tully Hall des Lincoln Center, NYC, spielt The Aspen Wind Quintet ›Time's Beach‹ (Premiere).

19.9.: Frank Zappa tritt vor dem Committee on Commerce, Science and Transportation auf.

21.9.: ›Frank Zappa Meets The Mothers of Prevention‹

1986 27.1.: Die europäische Ausgabe von ›Frank Zappa Meets The Mothers of Prevention‹ erscheint. Jan.: ›Does Humor Belong In Music?‹ 25.11.: ›The Old Masters Box Two‹ Nov.: ›Jazz From Hell‹

1987 17.9.: ›London Symphony Orchestra Vol. II‹ 30.12.: ›The Old Masters Box Three‹

1988 26.4.: ›Guitar‹ Mai: Der Sampler ›You Can't Do That On Stage Anymore‹ 9.5.: ›You Can't Do That On Stage Anymore Vol. 1‹ Juli-Aug.: Frank Zappa schreibt ›The Real Frank Zappa Book‹ mit Peter Occhiogrosso. 25.10.: ›You Can't Do That On Stage Anymore Vol. 2‹ Okt.: ›Broadway The Hard Way‹

1989 Mai: ›The Real Frank Zappa Book‹ erscheint. 3.11.: ›You Can't Do That On Stage Anymore Vol. 3‹

1990 20.1.: Frank Zappa besucht Prag.

1991 16.4.: ›The Best Band You Never Heard In Your Life‹. Mai: ›You Can't Do That On Stage Anymore Vol. 4‹ 4.6.: ›Make A Jazz Noise Here‹ Juli: ›Beat The Boots I‹ erscheint, mit den von Frank Zappa gebootlegten Bootleg-Alben: ›As An Am‹, ›The Ark‹, ›Freaks & Motherfu*#@%!‹, ›Unmitigated Audacity‹, ›Anyway The Wind Blows‹, ›'Tis The Season To Be Jelly‹, ›Saarbrücken 1978‹, ›Piquantique‹. 7.11.–9.11.: Zu Frank Zappas 50. Geburtstag findet im New Yorker Ritz ein musiktheatralisches Ereignis statt: ›Zappa's Universe. A Celebration‹. Joel Thome dirigiert die Veranstaltung. Cal Schenkel liefert die Dekorationen. Stücke von Satie und Zappa werden auf-

geführt. Zappa ist aus gesundheitlichen Gründen nicht anwesend. Das Ereignis wird auf CD und Video dokumentiert.

1992 Juni: ›Beat The Boots II‹ mit den von Frank Zappa gebootlegten Bootleg-Alben ›Disconnected Synapses‹, ›Tengo Na Minchia Tanta‹, ›Electric Aunt Jemima‹, ›At The Circus‹, ›Swiss Cheese/ Fire!‹, ›Our Man In Nirvana‹, ›Conceptual Continuity‹ 10.7.: ›You Can't Do That On Stage Anymore Vol. 5‹ und ›You Can't Do That On Stage Anymore Vol. 6‹ Juli: Frank Zappa & Ensemble Modern proben in Deutschland. Sep.: Aufführungen von ›The Yellow Shark‹: Alte Oper Frankfurt (17.–19.), Philharmonie Berlin (22.–23.), Wiener Konzerthaus (26.–28.) 27.10.: ›Playground Psychotics‹

1993 20.4.: ›Ahead Of Their Time‹ 2.11.: ›The Yellow Shark‹ 4.12.: Frank Zappa stirbt in LA. Posthum erscheinen bei The Zappa Family Trust:

1994 Dez.: ›Civilization Phaze III‹

1995: April/Mai: Wiederveröffentlichung des Gesamtkatalogs von Frank Zappa durch Rykodisc in den von Zappa 1993 autorisierten Fassungen Aug.: ›Strictly Commercial: The Best of Frank Zappa‹

1996 Feb.: ›The Lost Episodes‹. Sep.: ›Läther‹ Okt.: ›Frank Zappa Plays The Music Of Frank Zappa: A Memorial Tribute‹

1997 Apr.: ›Have I Offended Someone?‹ Mai: ›Strictly Genteel‹ Sep.: ›200 Motels‹

1998 Apr.: ›Cheap Thrills‹ Sep.: ›Mystery Disc‹

1999 Apr.: ›Son of Cheep Thrills‹ Dez.: ›Everything Is Healing Nicely‹

Weitere Veröffentlichungen

1983 Feb.: ›Rare Meat‹
1991 Nov.: ›Cucamonga Years, The
Early Works of Frank Zappa‹
1998 Feb.: ›Cucamonga, Frank's Wild
Years‹

Filme & Videos:
1971 ›200 Motels‹
1979/1987 ›Baby Snakes‹
1982 ›Dub Room Special‹
1985 ›Does Humor Belong In
Music?‹
1987 ›Uncle Meat‹
1987 ›The Amazing Mr Bickford‹
1987 ›Video From Hell‹
1989 ›True Story of 200 Motels‹
1993 ›Zappa's Universe‹

Frank Zappa als Darsteller in:
›The Boy Who Left Home To Find Out
About The Shivers‹, VHS NTSC
(1981). Auch als deutsches Kauf-
Video: ›Von einem, der auszog,
das Fürchten zu lernen‹, VHS
PAL. Zappa spielt den stum-
men, buckligen Attila.
›Miami Vice‹. Episode ›Payback‹ (1986).
Zappa spielt ironischerweise
einen Drogendealer (!).
›Head‹, DVD (1999). Ein wirrer Mon-
keys-Film. Zappa spielt einen
Rock-Kritiker, der eine Kuh an
einem Strick führt. Es kann sich
auch um einen Ochsen handeln.

Eigene Bücher:
Them Or Us (The Book) 1984
The Real Frank Zappa Book 1989

Kommentierte Bibliographie

Balfour, Victoria: ›Rock Wives‹. o. O.
1986
*Bekannte Anthologie über Frauen
von Rock-Musikern. Mit einem oft
zitierten lebensklugen Beitrag von
Gail Zappa.*
Brinkmann, Rolf Dieter/Ralf Rainer
Rygulla (Hg.): ›ACID‹. Berlin
und Schlechtenwegen 1969
*Grundlegende Pop-Anthologie. Ent-
hält das berühmte Interview Frank
Zappas mit der Underground-Zei-
tung ›The East Village Other‹*
Cain, Chelsea (Hg.): ›Wild Child‹.
Seattle 1999 *Eine hochinteressante
Anthologie über junge Amerikane-
rinnen abseits vom Mainstream, die
durch das witzige Vorwort von
Moon Zappa noch an Wert gewinnt.*
Des Barres, Pamela: ›Light My Fire‹.
Berlin 1989
*Die Memoiren eines intelligenten
Groupies. Miss Pamela von den*

*GTO's erzählt über ihre Freund-
schaften, insbesondere mit Gail
und Frank Zappa, die Entstehungs-
geschichte der GTOs und viele rei-
zende Schnurren und Anekdoten
über große und kleine Namen im
Popgeschäft der frühen Jahre.*
Dister, Alain: ›Frank Zappa. Der
Rebell aus dem Untergrund‹.
München 1980
*Veraltet, aber wegen Urban Gwer-
ders Beitrag noch von Interesse.
Schauderhaft übersetzt.*
Gray, Michael: ›Die Frank Zappa Story‹.
Köln 1994
*Ein merkwürdiges Buch, in den
Fakten oft unzuverlässig, enthält
Auszüge aus Interviews, die der
Verfasser mit Frank Zappa führte,
sonst wenig Interessantes. Beson-
ders seltsam wirkt die abschließende
Attacke des Autors auf Zappa, die
von eben jener Niveaulosigkeit ge-*

prägt ist, die Gray den Texten der
Zappa-Songs vorwirft.

Gwerder, Urban: ›Alla Zappa‹. o.J.
Der Prototyp des wahren, das heißt
von seinem Meister dennoch geistig
unabhängigen, freilaufenden Fans,
der auch noch selbst kreativ ist, war
und ist Urban Gwerder. Gwerder,
das Urgestein der Schweizer Freak-
Szene hat seinerzeit das erste wirk-
lich lustige Zappa-Buch ›Alla
Zappa‹ gemacht, das zudem auch
popästhetische Ansprüche erfüllen
konnte.

Gwerder, Urban: ›Im Zeichen des ma-
gischen Affen‹. Zürich 1998
Großformatige Veröffentlichung an-
läßlich seines fünfzigsten Geburts-
tages. Enthält viel Material über
seine Bekanntschaft mit Zappa. Der
ersten Auflage lag eine CD bei, auf
der auch ein Ausschnitt aus einem
Zappa-Konzert in der Schweiz zu
hören ist.

Heinikel, Rosemarie: ›Rosy Rosy‹.
Frankfurt/M. 1971
Memoiren eines deutschen Groupies.
Enthält ebenfalls viele Anekdoten
über bekannte und weniger bekannte
Protagonisten der damaligen Rock-
und Pop-Szene.

Kaiser, Rolf Ulrich: ›Rockzeit‹.
Düsseldorf/Wien 1972
Enthält ein für damals sehr typi-
sches Interview mit Frank Zappa.

Kostelanetz, Richard: ›The Frank Zappa
Companion‹. New York 1997
Ein knapper, faktisch guter Samp-
ler. Die Einführung bringt das
Allernötigste an biographischen
Daten. Die Beiträge sind von sehr
unterschiedlichem Niveau. Die kom-
mentierte Diskographie dokumen-
tiert den typischen Bewußtseins-
stand seiner intellektuellen Fans.

Miles (Hg.): ›Frank Zappa in eigenen
Worten‹. Heidelberg 1996
Eine Zitatensammlung, die wenig
Überraschungen bringt, aber durch

ein Vorwort von Václav Havel
geadelt wird.

Miles: ›Frank Zappa – A Visual Documentary by Miles‹. London,
Paris, New York, Sydney 1993
Eine sehr schön gemachte, reich
bebilderte Chronologie zu Leben
und Werk des außergewöhnlichen
Menschen und Musikers.

Russo, Greg: ›Cosmik Debris Floral
Park‹. New York 1998
Als Einführung in Zappas Werk
sicher nicht geeignet, ist dieses
gründliche Buch für den Kenner
und Sammler aber absolut unver-
zichtbar. Faktensicher, faktenreich
und faktenorientiert verzeichnet
Russo akribisch Aufnahme- und
Tourneedaten, weist inhaltliche
Bezüge innerhalb der Alben nach,
klärt Anspielungen auf und ist ein-
fach sehr gut. Eine der wichtigsten
Referenzen auch für dieses Buch
und absolut empfehlenswert.

Slaven, Neil: ›Electric Don Quixote‹.
London 1996
Im Vergleich zu Michael Gray ist
Neil Slaven jedenfalls der bessere
Brite. Wie alle Biographen geht er
notgedrungen den diskographischen
Weg, bleibt immer auf dem geraden
Pfad und gehört neben Greg Russo
zu den sehr zuverlässigen Infor-
manten.

Walley, David: ›No Commercial
Potential‹. o.O. 1972
Auch etwas veraltet, aber er war
immerhin der erste und nicht un-
kritische Biograph.

Watson, Ben: ›Frank Zappa: The Negative Dialectics Of Poodle Play‹.
New York 1996
Das Buch, an dem sich die Geister
der Hörer, Leser und Fans scheiden.
Apodiktisch, klug, manchmal auch
klugscheißerisch, gründlich, fak-
tisch fehlerfrei, hochgestochen,
akademisch verquast, oft sehr
einseitig, in vielen kontroversen

Fragen dann wieder erstaunlich offen – kurz: für die ernsthafte Auseinandersetzung mit Zappas Werk unverzichtbar, insbesondere zur Klärung des eigenen Standpunkts.

Zappa, Frank/Peter Occhiogrosso, ›I Am The American Dream‹: München 1991
Wie jemand auf die Idee kommen konnte, Zappas eigenes Buch sei »enttäuschend«, ist völlig unverständlich. Es ist mit Sicherheit das witzigste, intelligenteste und beste Buch, das es je zu seiner Person geben wird. Außerdem ist die deutsche Ausgabe vorzüglich übersetzt.

Zappa, Frank: ›Plastic People‹. Frankfurt 1977
Das offizielle Songbuch mit den gesammelten Texten von 1966 bis 1977. Deutsch von Carl Weissner.

Zappa, Frank: ›Them Or Us‹. o. O. 1984
Das dramatisierte Textbuch zu den Alben ›Them Or Us‹, ›Francesco Zappa‹, ›Old Masters‹ und ›Thing Fish‹. Es zeigt ganz nebenbei, wie man experimentell und witzig schreibt, ohne deswegen ein Reaktionär zu werden. Deswegen: Pflichtlektüre für Arno-Schmidtologen.

Zappa, Frank: ›Zonx‹. Frankfurt 1996
Das offizielle Songbuch mit den gesammelten Texten von 1977 bis 1994.

Abkürzungsverzeichnis

FZW ›Frank Zappa in eigenen Worten‹ (Hg. Miles)

FZS Michael Gray: ›Die Frank Zappa Story‹

FZIAM Zappa/Peter Ochiogrosso: ›I Am The American Dream‹

YCDTOSA You Can't Do That On Stage Anymore

Nachrede

Ein Dankeschön für Rat und Tat an Christian Huber, Martin Herberich, Thomas Dippel, Wolfgang Rumpf, Alexander Schilz, Claudio de Ceola, Ben Watson und alle anderen Freunde und Fans!

Bildnachweis

Archiv für Kunst und Geschichte, Berlin: 5, 50
Peter Bastian, Karlsruhe: 56, 57
Anton Corbijn: 25
Deutsches Institut für Filmkunde, Frankfurt/Main: 15
© EMI. 22
Art Kane: 28
Annie Leibovitz: 21
London Features International: 20, 40
Malcolm Lubliner/Michael Ochs Archives: 10
Michael Ochs Archives: 8
Charlotte Oswald, Wiesbaden: 52
Photo Selection, Hamburg: 20, 40, 49
Pictorial Press: 19
Chuck Pulin/Starfile: 38
Mike Putland/Retna: 46

Relay: 14, 30
Erhard Rogge/Ullstein Bilderdienst: 23
Norman Seeff: 36
David Singer (© Bill Graham 1970): 29
Otto Stark/Ullstein Bilderdienst: 13
Stills, Paris: 1
Transglobe: 9, 35
Ullstein Bilderdienst: 42, 59
© The Visual Thing Inc. 1969: 33
aus: Frank Zappa/Peter Occhiogrosso, ›Frank Zappa. I am the American Dream‹, München 1991: 3, 4, 7, 32, 48, 55, 58

Die Rechte der hier nicht aufgeführten Abbildungen liegen beim Herausgeber oder konnten nicht ausfindig gemacht werden. Berechtigte Ansprüche werden selbstverständlich angemessen abgeglichen.

Register

Allen, Steve 22
Amon Düül 37f., 52
Animals 31
Aspen Wind Quintet 127
Baby Ray & The Firns 22
Ballard, Hank 10
Band From Utopia 149
Barber, Dick 70
Barrow, Arthur »Tink« 88, 91
Bataille, Georges 37
BBC Symphony Orchestra 54
Beatles 27f., 43f., 73, 122
Beau Brummels 27
Beck, Jeff 28, 51f., 58, 70
Belcher, Lorraine 25
Belew, Adrian 88, 92
Berry, Chuck 10f., 21
Bickford, Bruce 97f.
Bigelow, Kathryn 21
Bikel, Theodore 70
Black, Jimmy Carl 24, 70f., 73, 115
Blackouts 14, 17, 23
Blue Cheer 35
Boogie Men 17
Boone, Pat 10
Bostic, Earl 14
Boulez, Pierre 123ff.
Bozzio, Dale 92, 114
Bozzio, Terry 86ff., 92, 114
Brewer, Don 87
Brock, Napoleon Murphy 86, 114
Brown, Clarence »Gate-mouth« 10
Browning, Todd 29
Bruce, Lenny 30, 34, 49, 57
Brunner, John 124, 131
Buckley, Tim 46, 80
Buff, Paul 17, 21
Burns, Jeffrey 149
Butterfield, Paul 31
Cage, John 126
Canned Heat 31
Captain Beefheart s. Vliet, Don van
Captain Glasspack and His Magic Mufflers 24
Carpenter, Robert 102
Chords 10
Christian, Charlie 17
Christine, Miss 49ff.
Clapton, Eric 45, 64
Club Foot Orchestra 150

Coasters 10
Cohen, Herb 30f., 70, 80, 87
Colaiuta, Vinnie 91
Collins, Ray 22, 24
Combo Missing Persons 92
Cooper, Alice 50f.
Coronado, David 24
Count Five 35
Country Joe & The Fish 27
Cowboy Twinkies 80
Crowley, Alistair 43
Crows 10
Cuccurullo, Warren 92, 149
Dale, Dick 21
Dallas, Karl 112
Dalton, Kathy 80
Deep Purple 62, 67, 72f.
Dells 13
Des Barres, Pamela 34, 38, 50, 52
Devo 22
Diddley, Bo 11
Doors 46, 64
Dr. John 24
Duke, George 63, 71, 75, 85
Dunbar, Aynsley 58, 63, 65, 71
Durham, Eddie 17
Dylan, Bob 27f., 31, 37, 92, 97, 112f.
Ed Palermo Big Band 149
Ellis, Bret Easton 131
Ensemble Modern 126f., 143
Epidemics 91
Ertegun, Ahmet 81
Estrada, Roy 24, 54f., 86
Falwell, Jerry 107, 138
Farner, Mark 87
Ferguson, Miss Jane 70
Finkelstein, Sidney 12
Flamingos 11
Fleetwood, Mick 31, 35, 101
Flo And Eddie 58f., 71ff.
Fowler, Tom 75, 84
Frampton, Peter 28, 91
Frank McZappa And His Sinister Mothers 149
Freed, Alan 10
Fripp, Robert 102, 145
Fugs 46f., 52
Fuller, Bobby 21
Gans, Gustav 33
Gardner, Bunk 35, 115
Gaylarks 13
George, Lowell 55
Geronimo Black 115

Giants 24
Gibson, William 131
Gillett, Charlie 10
Ginsberg, Allen 46, 113
Girls Together Outrage-ously (GTO's) 49, 51, 57, 70, 108
Gore, Mary Elizabeth »Tipper« 116f.
Grand Funk (Railroad) 87
Grateful Dead 27f., 37, 83, 102, 113, 131, 145
Gray, Michael 130
Great Society 27
Guitar Slim 17
Hague Residentie Orchester 106
Harpo, Slim 13
Havel, Václav 135f.
Heartbreakers 22
Heinikel, Rosemarie 63ff.
Henske, Judy 30, 49
Hopkins, Nicky 51f.
Howlin' Wolf 22, 33
Hubbard, Ray Willie 80
Humphrey, Ralph 75
Ingber, Elliott 32, 115
Ives, Charles 123, 126f.
Jackson, Michael 101, 122
Jagger, Mick 15, 70
Jee Perrino and the Mello-tones 17
Jefferson Airplane 27f., 37, 83
K.C. And The Sunshine Band 91
Kaylan, Howard 58, 63
Keane, Bob 22
Keneally, Mike 121, 149
Kent, Nick 91
Kenyon, Michael 88
King, Larry 138
Knight, Terry 87
König, Klaus 150
KRASS 102
Kronos-Quartett 126f.
Laboe, Art 22
Lake, Steve 126, 128
Lancelotti, Ricky 78
Landplague 149
Lang, Eddie 17
Le concert impromptu & Bossini 149
Le Roi, Rene 11
Lennon, John 72, 101, 103, 113, 145

Lewis, Andre 86
Lewis, Jerry Lee 10f.
Lickert, Martin 71
Ligeti, Györgi 38f., 126
Lightnin' Slim 13
Little Feat 55
Little Richard 10, 14, 58
London Symphony Orchestra (LSO) 111, 123
Mann, Ed 88
Marquez, Sal 74f., 80
Mars, Tommy 88
McDonald, Country Joe 134
McGuire, Barry 28
McKillip, Keith 14
Mehta, Zubin 58
Miller, Miss Pamela 70
Mintzer, Bob 149
Modern Folk Quartet 30
Monkees 46
Moon, Keith 70
Moondog 46
Moonglows 11
Moongooners 21
Mullmuzzler 150
Mundi, Bill 56
Nagano, Kent 123
Nancarrow, Conlon 123
Neil, Lou Ann 87
New York Wind Ensemble 11
Nixon, Richard 52, 122, 130, 134
Nugent, Ted 80
Nutmegs 10
O'Hearn, Patrick 88, 92
Ochs, Phil 27
Odetta 30
Offerall, Miss Lucy 70
Omnibus Wind Ensemble 149
Ono, Yoko 72, 91, 113, 145
Orchids 10
Orioles 11
Otis, Johnny 14
Parks, Van Dyke 24
Patterson, Herb 80
Penderecki, Krzysztof 126
Penguins 22
Père Ubu 22
Perkins, Carl 11
Perrino, Jee 17
Persuasions 14
Platters 11
Pons, Jim 71
Ponty, Jean Luc 58, 75
Presley, Elvis 10f., 13, 122
Preston, Don 35, 53
Pretty Things 27

Price, Roger 107
Prince 116f.
Quicksilver Messenger Service 27
Ramblers 10
Rau, Fritz 53, 64
Reagan, Ronald 54f., 95, 101, 107, 118, 122, 130, 138
Reed, Lou 38, 91
Rivers, Johnny 31
Rogers, Mick 84
Rolling Stones 27f., 44, 64, 83, 135
Royal Philharmonic Orchestra 70
Russo, Greg 11
Salzinger, Helmut 59, 61f., 131
Sammlas Mammas Manner 149
Sanders, Ed 47
Satie, Eric 123, 148
Schacher, Mel 87
Schenkel, Cal 44
Schönberg, Arnold 126f.
Shankar, L. 91
Sheik Yerbouti 149
Sherman, Kathryn (Franks erste Frau) 17, 24
Sherwood, Jim Motorhead 23, 25, 31, 35
Shplang 150
Simmons, Jeff 52, 63, 71
Slick, Grace 37
Slonimsky, Nicholas 107
Smith, Cordwainer 71, 105
Smith, Floyd 17
Smothers, John 74
Snyder, Dee 117
Sonic Youth 22
Soots 23
Soul Giants 24, 115
Sparifankal 22
Starr, Ringo 70f.
Stewart, Rod 51f.
Stockhausen, Karlheinz 38f.
Strawinsky, Igor 126
Stuart, Alice 24
Survivors 108
Swaggart, Jimmy 122
Takemitsu, Toru 126
Ted Nugent And The Amboy Dukes 80
Thornton, Big Mama 13
Thunes, Scott 120, 121
Toth, Judith 120
Townshend, Pete 70
Turner, Tina 78
Turtles 58, 71

Underwood, Ian 43, 63, 75
Underwood, Ruth 43, 56, 75, 87f.
Vai, Steve 103, 111, 113f., 149
Varèse, Edgar(d) 7f., 11f., 33, 37, 84, 107, 123, 126, 145
Vassey, Kin 78
Velvet Underground 37f.
Velvets 10
Venet, Nick 42
Vestine, Henry 31
Village Inn Band 23
Vliet, Don van (Captain Beefheart) 14, 22ff., 49, 57, 85ff., 135, 147, 149
Volman, Mark 58, 63
Waldman, Frederic 11
Walley, David 76
Watson, Ben 72
Watson, Johnny »Guitar« 10, 85, 114
Wayne, John 40f.
West Coast Pop Art Experimental Band 35
Whiz Kids 80
Wild Man Fischer 49
Willis, Ike 88, 114
Wilson, Tom 31f.
Wolf, Peter 88
Wray, Link 17
Yester, Jerry 49
Zappa, Ahmet Rodan (Franks Sohn) 35, 81, 113, 146f.
Zappa, Bobby (Franks Bruder) 8f., 17
Zappa, Candy (Franks Schwester) 8f.
Zappa, Carl (Franks Bruder) 8f.
Zappa, Diva (Franks Tochter) 35, 97, 147
Zappa, Dweezil (Franks Sohn) 35, 113f., 120, 146
Zappa, Francesco 125
Zappa, Francis (Franks Vater) 8f., 80
Zappa, Gail (Franks zweite Frau) 33ff., 49f., 114f., 125ff., 146
Zappa, Moon (Franks Tochter) 35, 51, 108, 109, 146
Zappa, Rosemary (Franks Mutter) 8ff.
Zappa, Vincent (Zappas Bruder) 8
Zarubica, Pamela 33, 45, 56

dtv portrait

Herausgegeben von Martin Sulzer-Reichel
Originalausgaben

Biographien bedeutender Frauen und Männer aus Geschichte, Literatur, Philosophie, Kunst und Musik

Hannah Arendt. Von Ingeborg Gleichauf. dtv 31029
Johann Sebastian Bach. Von Malte Korff. dtv 31030
Thomas Bernhard. Von Joachim Hoell. dtv 31041
Hildegard von Bingen. Von Michaela Diers. dtv 31008
Otto von Bismarck. Von Theo Schwarzmüller. dtv 31000
Die Geschwister Brontë. Von Sally Schreiber. dtv 31012
Giordano Bruno. Von Gerhard Wehr. dtv 31025
Georg Büchner. Von Jürgen Seidel. dtv 31001
Frédéric Chopin. Von Johannes Jansen. dtv 31022
Joseph Conrad. Von Renate Wiggershaus. dtv 31034
Hedwig Courths-Mahler. Von Andreas Graf. dtv 31035
Annette von Droste-Hülshoff. Von Winfried Freund. dtv 31002
Elisabeth von Österreich. Von Martha Schad. dtv 31006
Theodor Fontane. Von Cord Beintmann. dtv 31003
Sigmund Freud. Von Peter Schneider. dtv 31021
Friedrich II. von Hohenstaufen. Von Ekkehart Rotter. dtv 31040
Johann Wolfgang von Goethe. Von Anja Höfer. dtv 31015
Jimi Hendrix. Von Corinne Ullrich. dtv 31037
Alfred Hitchcock. Von Enno Patalas. dtv 31020
Jesus von Nazaret. Von Dorothee Sölle und Luise Schottroff. dtv 31026
Immanuel Kant. Von Wolfgang Schlüter. dtv 31014
Erich Kästner. Von Isa Schikorsky. dtv 31011
Heinrich von Kleist. Von Peter Staengle. dtv 31009
John Lennon. Von Corinne Ullrich. dtv 31036
Ludwig II. Von Martha Schad. dtv 31033
Stéphane Mallarmé. Von Hans Therre. dtv 31007
Klaus Mann. Von Armin Strohmeyr. dtv 31031
Maria Theresia. Von Edwin Dillmann. dtv 31028
Nostradamus. Von Frank Rainer Scheck. dtv 31024
Novalis. Von Winfried Freund. dtv 31043
Edgar Allan Poe. Von Frank Zumbach. dtv 31017
Rainer Maria Rilke. Von Stefan Schank. dtv 31005
Sokrates. Von Eva-Maria Kaufmann. dtv 31027
John Steinbeck. Von Annette Pehnt. dtv 31010
Johan August Strindberg. Von Rüdiger Bernhardt. dtv 31013
Guiseppe Verdi. Von Johannes Jansen. dtv 31042
Oscar Wilde. Von Jörg W. Rademacher. dtv 31038